好孩子不是惩罚出来的

优秀家长的教育方法

潘鸿生 编著

北京工业大学出版社

图书在版编目（CIP）数据

好孩子不是惩罚出来的：优秀家长的教育方法 / 郭志刚编著．—北京：北京工业大学出版社，2013.10（2022.3重印）
ISBN 978-7-5639-3674-8

Ⅰ．①好… Ⅱ．①郭… Ⅲ．①家庭教育 Ⅳ．① G78

中国版本图书馆 CIP 数据核字（2013）第 231867 号

好孩子不是惩罚出来的——优秀家长的教育方法

编　　著：郭志刚
责任编辑：杜曼丽
封面设计：清水设计工作室
出版发行：北京工业大学出版社
　　　　　（北京市朝阳区平乐园 100 号　邮编：100124）
　　　　　　010-67391722（传真）　　bgdcbs@sina.com
经销单位：全国各地新华书店
承印单位：唐山市铭诚印刷有限公司
开　　本：787 毫米 ×1092 毫米　1/16
印　　张：14
字　　数：200 千字
版　　次：2013 年 10 月第 1 版
印　　次：2022 年 3 月第 2 次印刷
标准书号：ISBN 978-7-5639-3674-8
定　　价：39.80 元

版权所有　翻印必究
（如发现印装质量问题，请寄本社发行部调换 010-67391106）

前　　言

在很长一段时间里，我们中国人的教育方式是十分重视惩罚的，"棍棒底下出孝子"、"孩子不打不成器"等说法都是从古人的教育方法中衍生出来的。在特殊的社会环境下，惩罚性教育的确起到了很大的作用，但随着时代的变迁，这种教育方式也逐渐显示出了它的弊端。

家长们都深有体会，孩子在很小的时候，惩罚性的教育是很有效果的，但是随着年龄的增长，孩子越大越打骂不得，他们已经有了较强的自尊心和反抗意识，再也不像小时候那样听任家长的安排了。面对叛逆的孩子，家长们经常束手无策，或者强加管教，或者放任自由，但这些教育方式的收效都不是很好。

很多家长有这样一个误区：教育是为了让孩子听话，所以经常惩罚孩子，孩子害怕了自然就听话了。这种认识是错误的，家长教育孩子，为的是帮助孩子健康、快乐地成长，培养孩子成长。所以，惩罚性的教育并不利于这个教育宗旨。

好孩子不是惩罚出来的
——优秀家长的教育方法

想要让孩子快乐地成长，家长就要放下手中的棍棒，耐心引导孩子慢慢前行。家长可以从了解教育、了解孩子、了解社会入手，为自己的孩子量身打造出一套科学的非惩罚性的教育方式，比如，如何让孩子改掉坏毛病、怎样培养孩子的正能量、怎么让孩子亲近家长，等等。

虽然我们现在强调非惩罚性教育的作用，但并不代表教育中就没有批评。教育专家认为，没有批评的教育是不完整的，同样，没有惩罚的教育也是有缺陷的。很多时候，家长需要适当地批评一下孩子，这样能够加深孩子对错误的认识，也有利于帮助孩子积极改正。

为了帮助广大的家长们走出教育的误区，指引家长们更科学地教养孩子，我们推出了这本书。本书有大量的典型事例，是家长们常见的家教难题，围绕这些事例，向家长们介绍了多种教育妙招，让家长们不惩罚也能教育出好孩子来。如果家长们在为如何平心静气地管教孩子发愁，那就翻开这本书吧，相信你一定会有很大的收获。

目 录

第一章　为什么家长们都会惩罚孩子

孩子是否真的"不打不成器" ………………………………… 3

"大吼大叫"使亲子关系更僵化 ……………………………… 7

好孩子真不是"吓"出来的 …………………………………… 12

好父母不把孩子当作"出气筒" ……………………………… 16

家长的权威不能滥用 …………………………………………… 21

第二章　放下棍棒，真正赏识你的孩子

孩子的闪光点需要家长用心去发现 …………………………… 29

孩子有"破坏力"，父母应该感到高兴 ……………………… 32

男孩适当流泪，更利于成长 …………………………………… 35

男孩的成长也需要经常夸奖 ………………………… 40

做一个善于激发孩子潜能的好家长 …………………… 44

教育孩子慎用"比较法" …………………………… 47

第三章　每个孩子都是独一无二的，因材施教效果最好

孩子内向，父母不用担心焦虑 …………………………… 53

告诉男孩，要像男子汉一样生活 ………………………… 56

叛逆的孩子要这样管教 …………………………………… 61

孩子撒泼，家长需要刚柔并济 …………………………… 65

家有乖孩子，父母的教养要更上心 ……………………… 69

多管齐下让"慢性子"的孩子快起来 …………………… 73

外向的孩子好教养 ………………………………………… 77

第四章　亲子沟通越融洽，孩子越好管教

好父母常听孩子的心里话 ………………………………… 83

贴心父母善于读懂孩子的情绪变化 ……………………… 88

不再打骂，亲子沟通从了解开始 ………………………… 92

父母怎样说话，孩子才更听话 …………………………… 97

亲子沟通，多种方式齐上阵 ……………………………… 101

第五章　塑造孩子的良好习惯，省却很多惩罚性教育

孩子懒惰，家长是该责骂还是反思 …………………… 109

聪明的父母引导孩子拒做"三只手" …………………… 113

不动怒也能制止孩子说脏话 …………………………… 117

不责备、不惩罚，让孩子轻松改掉"说谎癖" ………… 121

用智慧劝导孩子做个节约"小专家" …………………… 126

不用惩罚，孩子也能有计划地学习 …………………… 130

孩子学习，养成好习惯胜过打骂教育 ………………… 134

第六章　激发孩子的正能量，胜过惩罚和说教

不吵不骂，更易于培养出乐观的孩子 ………………… 141

孩子有梦想，家长才更欣慰 …………………………… 145

告诉孩子"你能行"，让孩子不再自卑 ………………… 149

孩子的正能量需要父母用"爱"激发 …………………… 153

孩子的自信不是打骂出来的 …………………………… 158

第七章　规则教育，让孩子明白不能随心所欲

让孩子遵守家规，不能仅靠打骂约束 ………………… 165

家规第一条是做个有责任心的人 170

让孩子明白遵守规则是一个人的本分 175

不惩罚,让犯错误的孩子勇敢承担责任 179

告诉孩子"成大事者必须拘小节" 183

第八章　说一万遍,不如给孩子做个好榜样

孩子的好性格是向父母学来的 189

纠正孩子的坏脾气,父母要从改变自身做起 192

换位思考,优秀父母的家教"好帮手" 195

知错就改的父母更能赢得孩子的尊重 200

父母勤快,孩子才不懒惰 204

父亲不近烟酒,孩子远离恶习 208

第一章
为什么家长们都会惩罚孩子

当孩子犯错时,你是心平气和地对他进行教育,还是直接扬起手掌教训他一顿呢?对于工作了一天、精疲力竭的家长们来说,有相当一部分人会选择后者。在孩子不听话时,你总是对他大吼大叫;当你在工作上遇到不顺心的事时,孩子可能会成为你的"出气筒";孩子已经懂事了,可你还是要在他的耳边喋喋不休……殊不知,家长们这些不经意的行为会让孩子很烦。作为家长,你应采取一些更为有效的非惩罚性教养方式,让你的孩子更快乐地成长。

孩子是否真的"不打不成器"

虽然媒体、教育专家都在呼吁家长们放下手里的棍棒，不要惩罚孩子，但打骂孩子的现象还是很普遍。究其原因，主要是孩子经常犯错误，而且还是犯类似的错误。不过，有的家长体罚孩子主要是因为自身的性格问题，比如有的家长脾气暴躁，动不动就打骂孩子，不懂得克制自己的情绪；其中也有代沟的原因，孩子的想法和家长不一样，经常和家长对着干，这样当然会引起家长的不满，打骂孩子也就很正常了。不过，打骂孩子终究是不可取的教育方法。

张浩今年升入六年级了，这是他小学生涯的最后一年。他的学习成绩一直不错，老师们都很喜欢他。老师们喜欢他还有另外一个原因，那就是他的话不多、性格有些内向。在老师的眼里，这样的乖男孩是很难得的。而且在大部分人眼中，这么温顺可爱的孩子肯定是父母的心头肉，被千般宠、万般爱着，但事实并非如此。一天之中，张浩最高兴的时候就是从家门口走出来的那一刻，走在上学的路上，他觉得自己无比的轻松和愉悦。因为在家里，他经常有窒息的感觉。

张浩虽然性格温和，但反应却有些迟钝，在父母眼中，这样的他在同龄人中实在是没有任何特色，甚至还显得有些笨拙。张浩的父母都是社会精英，面对不争气的儿子，他们认为应该对儿子进行严格的教育，这样才能把

儿子培养成为他们心目中的优秀孩子。

不过，他们口中所谓的教育，其实只是简单的施压和打骂，张浩对此十分反感，但面对"权威"的父母他又无可奈何，因此便越来越不想待在家里。每次放学回家，张浩都觉得非常痛苦。昨天的语文测试成绩出来了，张浩得了满分，本以为今天爸爸妈妈不会再找茬儿了，但当他把成绩单拿给妈妈看时，妈妈皱起了眉头，生气地说："这里写错了一个字，看来你们老师一点也不严格。"

张浩伸头一看，确实是有一个字写错了，虽然只是少写了一横，但在妈妈眼中却是一个不可饶恕的错误。

张浩二话没说，乖乖地把自己的手伸了出去，低头闭上了眼，像往常一样任凭妈妈"处置"。

"扣一分打一下，如果是不应该犯的错误，一处打十下，站好，自己数着。"妈妈说完，一尺子已经打在了张浩的手心上，他疼得颤了下身子，却不敢动。

"1，2，3……10。"数完十下，妈妈便把尺子放到了桌上，然后指着试卷上的错字说道："把这个字写一百遍，吃饭前给我检查。"

"嗯。"张浩点了点头，正要去拿试卷，姑姑推门进来了，"嫂子，你们怎么连门都不锁啊？"

"浩浩，看你犯的错！"妈妈盯着张浩看，张浩心一颤，原来他进来的时候在想事情，忘记关门了。这可怎么办？在妈妈眼里，忘记关门，也是犯错吧？不知道该怎么回答的他，只好又伸出了手，就挨几下打吧。

"哎？"姑姑走过来，看到张浩有些发红的手后，就担心地握了起来，"怎么回事？嫂子，你们家浩浩又犯错了？别总是打孩子啊，多疼啊！"

妈妈不以为然地说道："不打不骂不成器。我们小时候不是也常挨打吗？这样，他以后就不会犯同样的错误了。"

姑姑知道说不过妈妈，只好叹着气把浩浩领回了屋，边走边小声对他说："以后，你妈妈要是再打你，你就跑，或者和她讲道理，别总傻傻地等着挨打，这样会让她以为你就该打，听到没？"

张浩听了，抬头看着姑姑，暖暖地笑了。

西方的法律中允许父母对子女做一些温和的惩戒，如果惩罚过重，家长就会面临着最多5年监禁的刑罚。《中华人民共和国未成年保护法》也明确规定，不得对未成年人进行体罚。不过，很多家长都无视法律的存在，经常对犯错的孩子进行体罚。有的家长甚至制定了家法，严格规定孩子受惩罚的程度，错误小惩罚就轻，反之则重。由此可知，有的家长把惩罚孩子当成一种很自然的事情了。

"能不能打孩子"是个很有争议的问题，一部分家长觉得"棍棒底下出孝子"、"不打不成器"，所以动不动就对孩子进行训斥或是体罚；还有一部分家长认为打骂孩子不是一个好方法，可是又不知道该怎样对待不听话的孩子，每次被孩子惹生气后都忍不住打孩子几下之后又为自己的行为作检讨。

家长体罚孩子大多是为了让孩子不再犯类似的错误，但事实证明这种方法是行不通的。如果一个孩子小时候经常遭受体罚，那么他就会变得粗暴、懦弱、爱撒谎等。心理学家调查发现，十个少年犯中，至少有七个孩子有过家庭暴力的经历，所以体罚是一种极不可取的教育方法。

家长之所以冲动地惩罚孩子，主要原因是不了解自己的孩子。在生活

中，很多家长由于忙于生计没时间关心孩子，时间长了，孩子就开始疏远父母，父母也会觉得孩子越来越无法沟通。所以，家长一定要多抽时间陪伴孩子，并与孩子或者老师及时沟通，多了解一下孩子。如果家长知道孩子的习惯和缺点，那么当孩子犯错时就可以用沟通的办法来解决了。比如，孩子做作业时总是粗心大意、不认真，这时家长可以提醒孩子多检查几次；如果孩子经常说脏话，家长就能及时发现并尽快帮孩子改掉这个不良习惯。了解孩子就能减少对孩子的误解，当孩子不听话的时候，家长也可以理智地解决问题。

其实孩子经常犯类似的错误是因为内疚感还不强，所以父母在生活中要时常为孩子传达一些正确的观念，告诉孩子什么是对的，什么是错的，怎么做才能得到他人的赞赏，等等。这样，当孩子再次犯错时，他内心的良知就会让他产生内疚感，以后就会尽量克制自己犯类似的错误。

有的家长打骂孩子是因为对孩子的期望过高，故事中张浩明明只写错了一个字就受到了妈妈的体罚，很明显这位妈妈对孩子的要求过于苛刻了。生活中这样的家长有很多，他们对孩子抱有过高的期望，当孩子的成绩或者做法不能让自己满意时，就习惯性地用体罚的方式惩罚孩子。其实，对孩子的期望过高、要求过严，不仅会伤害孩子的身心健康，还有可能引起孩子的抵触心理。当孩子发现无论怎么做都会挨打时，他索性就不学了。所以，如果家长想让自己的孩子少犯错误，首先要端正自己的态度，不要对孩子期望过高，否则会起到反作用。

很多时候家长对孩子的体罚其实是多此一举的，甚至起到反作用，因为他们没有搞清楚孩子犯错的原由。当孩子不听管教时，家长们通常都会气得动手打孩子，这时有些孩子出于害怕不得不承认自己的错误，而有些孩子不但不承认错误，反而会跟父母大吵大闹。所以，家长体罚孩子的做法并不能真正地解决问题。当孩子犯错时，家长应该保持冷静，耐心地询问孩子犯错的原因，然后帮孩子分析他错在了哪里，并引导孩子想出解决问题的方法。其实，如果家长们心平气和地去了解事情的原委后，也许会发现孩子其实没有犯什么"不可饶恕"的错误，而且还有可能发现孩子身上的闪光点。

管教妙招

◎家长应该多和孩子沟通，增加对孩子的了解，以帮助孩子早日发现问题、改正错误。

◎帮助孩子形成正确的是非感，这样孩子就不容易再犯类似的错误。

◎家长不要对孩子期望过高、要求过严，这样会给孩子带来很大的压力，不利于孩子的健康成长。

◎在动手打孩子之前先问一问孩子犯错的原因，然后再根据具体情况帮助孩子认识错误、改正错误。

"大吼大叫"使亲子关系更僵化

有的家长经常对犯了错的孩子大吼大叫，脾气倔的孩子当时就会和家长顶嘴，以示自己对这种教育方式的不满，而性格内向的孩子当时不敢说什么，但心里却想，"妈妈（爸爸）真讨厌！"所以大吼大叫根本起不到好的

好孩子不是惩罚出来的
——优秀家长的教育方法

教育作用。

晚上，大家都睡了，但厨房里却传来"啪"的一声响。闻声而来的爸爸妈妈冲进厨房，看到女儿云朵呆呆地愣在原地，紧张地看着地上的碎碗片。

爸爸没有在意这件事，但妈妈却觉得好像发生了一件天大的事，她手扶额头大喊道："你怎么这么笨手笨脚的，昨天就打碎了一个碗，今天还不长记性。不是说不让你随便碰这些易碎的东西吗？一点都不听话！要是再这样下去，家里的碗啊、杯子啊都会被你摔完的。咱们家本来就不富裕，照你这么摔下去，迟早有一天要搬到贫民窟去住的。"

"这么小题大做的干吗，我又不是故意的。这碗上有油，我一拿就滑下去了。"云朵为自己辩解道。不过话刚说完她就后悔了，因为晚上是妈妈刷的碗，这么一说，不是怪她没有把碗刷干净吗？

她的担心一点都不多余，话音刚落，妈妈又大嚷起来，而且声音比刚才高了很多："你还有理了，难道还要怪我不成？你不好好睡觉，大半夜跑到厨房来做什么？"

"您有必要这么生气吗？我刚才想早点把作业写完，所以晚饭没有吃饱，现在有点饿了，到厨房里找点吃的。"云朵很不喜欢妈妈大声叫嚷的习惯，回答时也故意和妈妈大声嚷嚷。

妈妈更是气不打一处来，"吃饭的时候叫你多吃点，你偏不听，现在又跑到厨房里来捣乱，我看你是成心让我不痛快！也不知道你的脑子里整天都在想些什么，学习也不好，做事也不让人放心，你到底还能干什么啊？"

云朵听了眉毛险些竖了起来，妈妈刺耳的吼叫让她难以忍受，她刚想反驳，爸爸便出来解围了。

"老婆！"爸爸有点严肃地说："只不过是摔坏了一个碗，你是不是有点小题大做了！"

听了爸爸的话，妈妈也觉得自己有点过了，不免有些心虚，轻咳一声，摆着手说道："行了，行了，你们快出去，我来收拾这个烂摊子。"

于是，爸爸拉着云朵走出了厨房。

"朵朵，你妈妈是刀子嘴豆腐心，刚才她也只是太担心你才会小题大做的，别往心里去，知道了吗？"

"嗯，我知道，我都习惯了。"云朵勉强对爸爸挤出一个笑容，但还是一脸的怒气。

爸爸拍拍她的头，指着冰箱笑道："别生气了，晚上爸爸刚买了面包，你去拿来吃吧。"

"谢谢爸爸。"云朵的脸上终于展开了笑颜。

她刚把面包从冰箱里拿出来，还没有打开包装，妈妈的叫嚷声又从厨房里传出来，"吃，就知道吃，不许把面包屑弄到地上，否则明天的家务就都交给你了。"

填饱了饥饿的肚子后，云朵爬到床上准备睡觉，可是她翻来覆去地总也睡不着，妈妈的叫嚷声一直在她的耳边回旋。她坐起身，打开台灯找到日记本，在上面写道："我讨厌妈妈的大吼大叫，一点都不温柔，还总是小题大做……"抒发完内心的不痛快后，云朵这才觉得有了困意，躺在床上一会儿就睡着了。

故事中的云朵明明只犯了一个小错误，但妈妈却小题大做地对她大吼大叫，这让云朵很不痛快，于是就和妈妈顶了几句嘴。相信很多家长都有过云

朵妈妈这样的遭遇，教训了孩子之后，孩子非但不认错，还对自己说"妈妈（爸爸）真讨厌"。家长们只觉得自己被孩子的这句话伤到了，却没有考虑过，这一后果正是自己的不理智造成的。家长们不得不承认，有时候孩子的坏情绪其实是家长带来的。

孩子犯错误是很正常的，如果家长动不动就责骂孩子，会严重地伤害孩子的自尊心。面对家长的大吼大叫，有的孩子会产生对立情绪，虽然知道自己的行为是错的，但还要故意坚持，长期这样下去对孩子的性格形成非常不利；还有一些孩子会因为父母的大吼大叫慢慢变得失去自信，以为自己真的什么都做不好，于是索性就什么也不做了，而这样只会导致孩子越来越退步。总之，大吼大叫并不是教育孩子的良方，不但不能教育出优秀的孩子，还会影响孩子的健康成长。想要让孩子快乐地成长，家长就要改变"大吼大叫"的教育方式，用爱心和耐心去引导孩子、帮助孩子。

在教育孩子时，有的家长总是不能言出必行，所以不能收到很好的教育效果。当孩子淘气不听话时，家长就会说出"你要是再不听话，小心我揍你！"、"你下次再这样，我就不客气了。"等具有威胁性的话，可这些话家长往往也只是随口说说，并没有真正实践过。次数多了，孩子就会把家长的话当作耳旁风，因为他们心里清楚，即使自己真的犯了错也不会受到惩罚。所以，家长不能随便对孩子"放狠话"，如果说出来了就要尽量做到，这样才会对孩子有警示作用。

想要让孩子改掉常犯类似的错误或毛病，家长就要采取一些适当的惩罚手段。其中最有效的方法就是禁止孩子做最感兴趣的事情，比如，孩子喜欢打游戏就取消他打游戏的权利，孩子喜欢打篮球就取消他打篮球的权利，等等。为了夺回自己的权利，孩子就会尽量改掉自己的毛病，慢慢取得进步。

有的家长经常在生气的时候教育自己的孩子，动不动就对孩子大吼大叫，而且还会摔门、拍桌子等，过了一段时间，他们无意中发现自己的孩子经常乱发脾气、摔门、大喊大叫，等等。为此他们还很纳闷，孩子是什么时候养成这些坏习惯的？由此可知，有时候孩子是被家长们教坏的。

俗话说"有其母必有其子"，家长是什么样子，孩子就有可能是什么样子。因为孩子的模仿意识很强，经常会模仿父母的各种言行，如果父母经常对他大吼大叫，他就会觉得大吼大叫是很正常的行为，并且学得有模有样，一遇到不顺心的事情就发脾气，对别人大吼大叫。

所以说，孩子不懂事很大程度上并不是孩子的错，而是家长没有起到榜样的作用。作为家长，首先要改掉对孩子大吼大叫的坏习惯。而且不要带着情绪教育孩子，当心情不好时要尽量控制自己的情绪，想办法使自己平静下来，然后再冷静地管教孩子。比起大喊大叫，孩子更愿意接受这种心平气和的教导。如果家长忍不住对孩子发脾气了，事后一定要真诚地向孩子道歉，让孩子体会到自己的行为是错误的，不可以随便学习。

批评孩子时家长要注意措辞和语气，既不要大喊大叫，也不能讽刺挖苦，否则会严重地伤害孩子的自尊心。面对犯了错的孩子，家长应该用平和的语气告诉他到底错在了哪里，并告知他这种做法是要受到惩罚的，有了这次经历后，孩子下一次就懂得"三思而后行"了，犯类似错误的概率也就会越来越小。

管教妙招

◎当孩子犯错时，家长尽量不要随意"放狠话"，说"下次再这样就

揍你"等，除非家长能够言出必行。因为如果家长经常不履行自己的"狠话"，孩子就会习惯性地认为自己不会受到惩罚。

◎无论自己的心情有多糟糕，家长都不要带着情绪教育孩子，如果家长在教育孩子时经常大吼大叫、摔门、拍桌子，时间长了，孩子也会养成乱发脾气、大吼大叫的坏习惯。

◎家长教育孩子时要注意自己的言辞和语气，不要对孩子进行讽刺和挖苦，应该心平气和地与孩子沟通，让孩子真正认识到自己的错误并改正。

好孩子真不是"吓"出来的

在日常生活中我们经常发现，当孩子犯了错误时，家长经常用"再这样我就不要你了！"等话语来吓唬孩子，对于一些胆小的孩子，这样的方式的确比较有效果，但也无形之中伤害了孩子的心。为了不让父母抛弃自己，被吓唬的孩子总会好好表现，很多家长误以为自己的孩子变乖了，其实只是他们的内心产生了恐惧。从长远的角度看，吓唬对孩子的成长很不利。

赵宇已经上初中了，他一直是个品学兼优的好学生，家长和老师们都非常喜欢他。按理说这样受宠的孩子应该过得很快乐才对，但赵宇的眉头总是紧锁着，经常一个人闷闷地待在自己的小角落里。

其实赵宇这种表现从小学就开始了。在他很小的时候，一次考试不及格，妈妈生气地说："以后再不及格妈妈就不要你了！"

听到这句话后，赵宇便开始努力学习，因为他不想被父母抛弃。从那时起，他的成绩在班里一直名列前茅。

妈妈对自己的教育成果很满意，所以经常用吓唬的方式来管教赵宇。一次，赵宇和同学打架，同学的家长找到家里来大闹了一阵，妈妈好说歹说才把那位家长劝走。事后，妈妈生气地对赵宇说："你要是再和同学打架，我就把你送回老家，以后也不用上学了，去种地吧！"

妈妈的话让赵宇很害怕，他回过老家，知道老家是个穷地方，在那里生活索然无味。为了不被妈妈赶回老家，他从此便不敢再和其他的同学打架，即使受了欺负也不敢还手。

渐渐长大以后，赵宇还是对妈妈的吓唬耿耿于怀，他虽然知道很多家长都会吓唬犯了错的孩子，但其他的家长都只说"让警察叔叔把你抓走""让大老虎把你叼走"等幼稚的言语，只有自己的妈妈说"我不要你了"，这句吓唬人的话在赵宇听来非常真实，直到上了初中他依然觉得妈妈可能会说到做到。

一次，赵宇在学校和一个同学发生了矛盾，忍无可忍之下，他动手打了那个同学。这次事情比较严重，因为那个同学被打伤了。妈妈交了医疗费后，生气地教训他说："我说过你不能打架，还记得后果是什么吗？"

"我知道，不就是把我送回老家种地吗？我不上学了，明天就回老家！"赵宇说完后就回到自己的房间，用力把门关上了。

妈妈被儿子的举动吓了一跳，儿子从小到大都没有这么和她说过话。晚上，爸爸回来了，妈妈委屈地把这件事的原委告诉了爸爸。爸爸叹了一口气，说："孩子大了，以后不能再吓唬他。"

晚上，爸爸特意找到赵宇，心平气和地说："儿子，妈妈以前都是吓

好孩子不是惩罚出来的
——优秀家长的教育方法

唬你的，她怎么可能舍得不要你，怎么会把你送回老家种地呢，你都这么大了，还当真啊？"

赵宇听了难过地说，"我早就知道是假的了，只是一直忘不掉。"

爸爸听了有些难过，他不知道简单的吓唬居然在儿子的心里留下这么深的阴影。

很多人小时候都有过被家长吓唬的经历，当时家长经常说"再不听话就叫警察叔叔把你抓走"、"再不听话大灰狼就把你叼走了"等，年幼的孩子听到这些话时，往往由于害怕而乖乖听家长的话。现在，依然有很多孩子受到父母的"恐吓"，家长总是觉得这样能够让孩子乖乖听话，但他们没有想到，其实这样带来的不良后果会更大。

为了制止孩子犯错误或者不听话，家长总会"吓唬"孩子，而且屡试不爽，为此家长很乐于用这种方法来教育孩子。有位儿童教育专家曾经说过：经常处于紧张、恐惧的状态会影响孩子的性格和智力发展。如果家长经常采用这种"大灰狼吃人"式的教育，不仅会让孩子对事物有错误的认知，还容易导致孩子形成胆小、懦弱的性格，严重的还可能影响孩子以后的生活。因此，家长教育孩子要运用理性、科学的方法。

孩子之所以会做一些错事或者危险的事，是因为他们对这个世界的认识还不够，而且好奇心很大，所以当孩子很小的时候，他们会摸摸插头或是想自己过马路，这时候如果家长直接对孩子说"插头有电会电死你"、"自己过马路会被车撞死"，那么孩子就不会再这么大胆了。吓唬虽然可以暂时让孩子避免接触一些危险的东西，但长期下去，孩子一想到这些事物就会产生恐惧，慢慢地就会降低对新鲜事物的好奇心、缺乏探索精神。所以，当孩子有危险行为的时候，家长不应只顾着阻止他们，而要在保护他们的前提下让他们大胆地尝试，这样不但不会伤害孩子，还可以锻炼孩子的实践能力和创造能力。

想要让孩子免受伤害、少犯错误，家长就要让孩子弄清楚不能这么做的理由。例如告诉孩子如果过马路不遵守交通规则可能会出现事故，家长可以给孩子播放一些出现交通事故的新闻，这样孩子就能体会到不遵守交通规则的危害了。

在平时的生活中，家长应该经常向孩子传达一些常识性的知识，比如安全、健康、文化等方面的知识，通过和孩子耐心交流让孩子知道有些东西是存在危险的，不过只要操作方法正确就可以避免。比如，孩子对电影里的飞檐走壁很着迷，真的想尝试一下从楼上飞下来的感觉，家长就可以告诉他一些基本的武功常识，让孩子认识到电影和生活是有区别的，不能盲目模仿。这种沟通的方式不仅让孩子有一定的自我保护意识，还让孩子懂得一些生活道理，远比吓唬孩子要有效得多。

如果家长想让孩子少犯错误，可以用奖赏的方式来代替吓唬，很多时候奖赏要比吓唬更有效果。当孩子不听话时，家长们也可以尝试用奖赏的办法"制服"孩子，比如孩子不肯好好写作业，可以跟孩子说"如果你认真写作业，星期天妈妈就带你去游乐园"；如果孩子不做家务，可以告诉孩子"如果你勤快点，我就答应带你去旅游"等。用"奖赏"代替"吓唬"不仅能增进家长和孩子间的感情，还可以帮孩子改掉一些不良习惯。不过，"奖赏"不宜过于频繁，否则孩子无论做什么事都可能需要家长的"奖赏"，这样教育就失去了意义。

好孩子不是惩罚出来的
——优秀家长的教育方法

管教妙招

◎当孩子做了错事时，不要只顾着吓唬他，家长首先要了解孩子做事的动机，然后再用理智、科学的方法教育孩子。

◎孩子喜欢冒险、经常做错事，是因为他们不知道错在哪里、会有什么危险，作为家长，应该告诉孩子一些必备的生活常识，这样沟通的方式远比吓唬要管用。

◎当孩子不听话时，父母可以用奖赏来"引诱"孩子，很多时候，奖赏要比吓唬更有效果。

好父母不把孩子当作"出气筒"

家长总要为家庭、为生活奔波，偶尔会在外面受点气，有的家长懂得克制自己的情绪，不把情绪带回家里，但是有的家长就做不到了。他们不但会把情绪带回家，而且经常把孩子当作"出气筒"，结果不但没有让自己的心情变好，反而惹得孩子也跟着不痛快，导致亲子之间的关系越来越疏远。

绿芜的妈妈在一个大企业上班，现在已经是市场部的经理了，每天都要解决一大摊棘手的问题，工作压力非常大。为了保持自己在公司的好人缘，就算受了多大的委屈她都不愿意和同事们闹不愉快，所以总会把工作中的压力带到家里，让家里人苦不堪言，特别是她的女儿。

一天，绿芜正在房间里写作业，突然听到钥匙开门声，然后便是"砰"的一声巨响，她知道，一定是妈妈回来了，因为每次妈妈在公司受了气，回家来做的第一件事就是拿防盗门出气。为了不再次成为"出气筒"，绿芜便埋头写作业，不主动出去和妈妈打招呼。

不过，绿芜并没有逃过这一次，因为她犯了一个小错误。

现在是七月份了，天气正热，放学回家后绿芜觉得口渴，就切了两块西瓜吃。这本来没什么，但问题是她吃完西瓜后忘了收拾桌子，西瓜皮还摆在桌子上呢。

心情不好的妈妈看到脏兮兮的桌子后果然发飙了，她猛地推开绿芜卧室的门，双手叉腰站在门口，一脸的怒气。

"妈妈，您下班啦。冰箱里有西瓜，又甜又凉。"绿芜本来想关心一下妈妈，让妈妈解解渴。可是不说这话还好，一说妈妈就更生气了，她大声嚷道："你还敢提？我不是告诉你很多次了，吃完西瓜要马上收拾干净，你的耳朵是用来听水响的吗？你去看看外面的桌子，到处都黏糊糊的，脏得要命！"

绿芜低下头，小声回道："我急着写作业，忘记擦了嘛。"

"别找借口。你什么时候会那么积极地写作业？废话少说，赶紧去收拾干净，弄不干净，今天晚上就别吃饭。"

"哼。不吃就不吃，天天回来就知道教训人，不就是在公司里受气了吗？有本事在公司里发火去。"绿芜觉得委屈，忍不住顶撞起妈妈来。

绿芜心想，虽然我的学习成绩达不到您的要求，但好歹也在中上游，平时学习也很刻苦，怎么就成借口了。

妈妈见绿芜竟然学会了顶嘴，心里的火就更大了，大声说道："你给我

好孩子不是惩罚出来的
——优秀家长的教育方法

站起来！本事越来越大了，翅膀长硬了是不是，还不听教了……"妈妈一直这样训斥着她，持续了二十多分钟，直到爸爸下班回家。

爸爸一进门便看到妈妈在训斥绿芜，于是皱着眉头说："老婆，我知道你心情不好，但也不能总是把孩子当成'出气筒'啊。"

绿芜听了，面无表情地说道："无所谓，反正我已经当了十几年的'出气筒'了，早就习惯了。"

爸爸听了笑道："行了，别跟你妈妈置气了，她也不是成心的，体谅体谅她吧。"说着拍了拍绿芜的头。

"知道了，谁让我是你们的女儿呢，受点气就受点气吧！"绿芜说着便坐到书桌前继续写作业了，妈妈不知该说什么好，只得和爸爸一起去客厅了。

故事中的妈妈经常把坏情绪带回家，女儿绿芜当了她十几年的"出气筒"，神经基本上已经麻木了。其实很多家长都面临着不小的家庭压力和工作压力，有的家长由于工作或其他原因情绪不好时，如果孩子又刚好犯了错误，那么孩子就会倒霉地变成家长的"出气筒"。其实家长们心里都明白，孩子是无辜的，可当时他们就是控制不住自己的情绪，事后也非常后悔。

现在的孩子大都比较敏感，特别是正处在青春期的孩子，心理和生理上都比较脆弱，非常需要家长和老师保护和引导。如果家长一遇到不顺心的事就拿孩子出气，不但不会改善自己的坏情绪，还会给孩子造成难以估量的创伤。如果家长长时间把孩子当作"出气筒"，孩子就会对家长产生抵触心理，不再亲近家长，甚至渐渐变得冷漠偏激，这对孩子的学习和成长都是十分不利的。孩子的成长需要家长的呵护，因此家长应该尽量克制自己的坏情绪，心平气和地与孩子相处，增进亲子关系。

想要让孩子不成为"出气筒"，那就需要家长把坏情绪关在自家的门外。相对于孩子来讲，家长已经很成熟了，所以应该学会调整自己的心态和情绪，尽量努力在下班前将外面遇到的问题妥善地处理掉。此外，在回家的路上，家长也可以自我暗示，提醒自己忘记工作中的不快，把最灿烂的笑容带给自己的家人，尤其是自己的孩子。看到家长的好心情后，孩子也会主动和你亲近，这样家庭氛围就会显得比较和谐了。

把孩子当作"出气筒"，其实是家长在发泄自己的情绪。家长受了委屈后一时找不到合适的发泄方式，刚好碰到孩子犯了点小错误，便借题发挥，发泄一下。其实发泄不良情绪是正确的做法，因为坏情绪闷在心里会影响人的生理和心理健康。但是，家长要尽量选择一些合理的发泄发式，比如听音乐、唱歌，让不开心的事情随着音乐的律动慢慢消失；也可以运动一下，比如游泳、跑步等有氧运动，能够有效地帮助家长解压；打游戏也是很好地宣泄情绪的方式。有了这些发泄途径后，家长就可以从烦躁中解脱出来，避免让孩子无辜"中箭"，影响到家庭和谐。

并不是所有的家庭都非常和谐，有的夫妻经常为一些鸡毛蒜皮的小事吵架，吵完架后还会把孩子当作"出气筒"，将夫妻之间的怒气转嫁到孩子身上，这不仅会给孩子的心灵造成伤害，还破坏了家人之间的和谐关系。所以，如果父母之间闹矛盾了、吵架了，要尽量避开孩子的面，以免孩子成为父母的出气筒。

家长拿孩子出气的现象很普遍，但事后家长一定要记得向孩子道歉，这样孩子不但会原谅家长，而且还能体谅家长为家庭、为他所付出的努力。

莲好的妈妈今天在公司受了气,回家后又对莲好发脾气了。

莲好觉得很委屈,一个人躲在屋子里伤心。不一会儿,妈妈端着她最爱吃的甜瓜走了进来,抱歉地说:"宝贝,妈妈今天心情不好……"

妈妈还没有说完,莲好便气呼呼地说:"那也不能拿我出气啊!"

"对啊,所以妈妈来向你认错,以后妈妈一定要学会克制自己的情绪,再也不把你当出气筒了,我的宝贝女儿怎么能当出气筒呢!来,吃甜瓜,可香了。"妈妈一边道歉一边哄她。

"好吧,这次就原谅您了。对了,以后谁惹您生气了就告诉我,我替您出气,别人也不能把我的妈妈当出气筒!"莲好说着便拿起一块甜瓜高兴地吃了起来。

其实对孩子发了脾气很正常,几乎没有一位家长敢保证自己从来没有拿孩子出过气,关键是家长要意识到自己的错误,并积极地向孩子承认错误,争取得到孩子的谅解,就像故事中的妈妈一样。在向孩子承认错误时,家长要尽量让孩子知道父母为家庭所做的付出,这样孩子就会变得更听话。

管教妙招

◎在回家之前,家长应该把工作中的坏情绪处理掉,带着一张笑脸回家,这样更容易增进亲子关系。

◎遇到不顺心的事情时,家长应该用合理的方式来发泄自己的不良情绪,比如唱歌、运动、打游戏,等等。

◎夫妻之间发生了矛盾,尽量不要当着孩子的面争吵,以免让孩子成为家长的出气筒。

◎因为情绪的问题而对孩子发脾气后，要记得向孩子承认错误，并让孩子体会家长的苦衷，这样孩子会更听话。

家长的权威不能滥用

在传统的观念里，家长就是一家之长，孩子必须服从家长的意思，而家长也可以利用自己的权威左右孩子。随着时代的发展，家长的这种权威越来越减弱了，不过有的家长还是会使用权威来"压迫"自己的孩子。这种方法在孩子比较小时是很有效果的，但当孩子到了青春期时，家长的权威就明显失去效力了，因此，家长不要滥用自己的权威，权威式的教育并不能帮助孩子快乐地成长。

可欣和瑶瑶本来约好了周末在可欣家玩的，但让人意料不到的是，一大早可欣家里就来了客人，客厅里坐得满满的，实在是不适合孩子们玩耍。于是可欣赶紧打电话给瑶瑶，说："我们家来了好多客人，太吵了，我去你们家吧。"

"可是……"电话那边的瑶瑶有些犹豫，可欣赶紧又说："要不然咱们去公园玩？不过今天太阳挺厉害的，你不想被晒黑吧？而且咱们还要写作业呢！"

"对啊，你还是来我家吧。只不过……"瑶瑶还是有些支吾。

可欣想了想，明白过来，"你放心吧，我一打完招呼就躲你的房间，不会惹你爸妈生气的，怎么样？"

"那好，等会儿见。"瑶瑶笑着答应了。

可欣放下电话后收拾了一下就往瑶瑶家走，手里提着作业和给瑶瑶准备的礼物。

瑶瑶的父母有些强势，他们很严厉，在他们看来，家长的权威是神圣不可侵犯的，所以经常在孩子面前端着架子，一副难以沟通的模样。瑶瑶早在和可欣成为朋友的时候就把这件事情告诉了她，还希望她能帮自己想些办法，让父母不再这么严肃。不过可欣也没有办法，因为她的父母还是比较亲切的，很少和她摆架子。

到了瑶瑶家后，可欣按响了门铃，开门的是瑶瑶的妈妈。

"阿姨好，我找瑶瑶。"可欣笑着说。

"嗯，进来吧，瑶瑶在屋里呢。"瑶瑶的妈妈微笑着说道。

可欣跑到瑶瑶的房间，笑着说："今天你妈妈的心情挺好的，刚才还对我笑呢！"

"是吗，那是因为我今天还没有惹她生气。"瑶瑶笑着回答。

过了一会儿，她们两个打算看会儿电视，可是瑶瑶刚拿起遥控器，妈妈就严肃地问道："你们写完作业了吗？"

"还没有，不过快了，现在动画片开始了，我们想看一会儿。"瑶瑶解释道。

"不行，必须先写完作业！"妈妈说道。

"可是，等写完作业动画片就结束了！"瑶瑶争辩道。

"说了不行就是不行，再不照办今天都不许看电视！"妈妈一点情面都不留。

瑶瑶很不服气，但是她不想当着可欣的面和妈妈争吵，便忍气吞声地拉着可欣进了卧室。"我真受不了，妈妈也太霸道了！"回到卧室后瑶瑶便大声抱怨。

可欣摇摇头，也表示无可奈何，只好和瑶瑶乖乖地写作业。

通常情况下，权威是指使人信服的权利和威望。在家庭中，父母就是权威。孩子经常把父母当作榜样，只要遇到困难，孩子首先想到的就是向父母求救，而且很多时候也非常乐意接受父母的安排，或者努力按照父母的要求去做，哪怕是一件自己不太愿意做的事情，这就是父母的权威。

其实家长的权威是可以帮助孩子健康成长的，但是很多家长误解了权威的意思，就像故事中瑶瑶的妈妈一样，总是用专制的教育方式对待孩子，强制孩子执行自己的命令，如果孩子的所作所为不能符合自己的心意，家长甚至会体罚孩子。其实，家长的权威并不是专横跋扈、毫不给孩子留情面，是利用孩子对父母的崇拜而引导孩子不断进步。事实证明，过度的约束管制不但不能教育好孩子，还会使孩子产生恐惧、抵触等心理，影响孩子的身心健康。

在孩子的眼中，家长的确是有权威的，家长甚至可以利用这种权威来教育孩子，但方法要正确。孩子终将是要走向社会的，社会中的规则也是他们必须遵守的，所以，作为家长，要利用自己的权威帮助孩子树立正确的价值观，让孩子知道什么是错的，什么是对的，形成正确的是非判断标准，从而尽早适应社会。此外，由于孩子处世不深，所学的知识也非常有限，但探索欲望却非常强烈，因此，父母要扮演一个知识权威的形象。当孩子向家长提

好孩子不是惩罚出来的
—— 优秀家长的教育方法

问时,家长应该耐心准确地回答,不要敷衍孩子,这样不但能增加孩子的知识,还可以在孩子的心目中塑造一个良好的父母形象。

如果你是一个把权威当作专制的家长,那就要改变一下自己的教育方式了,首先要做的就是多征求孩子的意见,做个"民主"的家长。但是,正如权威不等于专制一样,民主也并不等于放任自流。在一些是非的问题上,父母还是要严格要求孩子的,这样才能防止孩子在过于民主化的教育中走向歧途。对于一些无伤大雅的事情,父母倒是可以多给孩子一些自由,让孩子多做一些自己感兴趣的事情。

父母想让自己变成孩子心目中的权威,就要在日常生活中多和孩子进行沟通,和孩子互相了解和信任才是建立权威的基础。此外,家长还应该注意,在和孩子沟通的时候要用平等的身份,而且语气要尽量平和,当孩子感受到家长的尊重后,他才会跟家长亲近,更容易接受家长的意见,这样才更有利于实现家长的教育目的。

宝莲今天上了生物课,她对老师讲的解剖很感兴趣,自己也很想试验着解剖一只小动物。下午回家的时候,她特意在小区的花丛里抓了一只蝴蝶,准备拿回家做解剖实验。

到家之后,她高兴地放下书包,拿出小刀等解剖工具,准备进行自己的大实验。实验刚做到一半,妈妈回来了。

"你这是在做什么?一个女孩子,怎么能玩儿这样的游戏!"妈妈看到"挥舞"着小刀的宝莲大声说道。

"我是在做解剖实验,不是做游戏。"宝莲解释道。

"做什么实验,看你把桌子弄得这么脏!赶紧收拾了,以后不许再做这些古里古怪的事情。"妈妈生气地说。

"可是，我真的是在做实验……"

"不行就是不行，少废话！再顶嘴这个月的家务都由你来做。"妈妈毫不给宝莲留余地。

看着妈妈严肃的表情，宝莲的好奇心都消失了，她很不情愿地把解剖了一半的蝴蝶扔进垃圾桶，然后又开始擦桌子，一边擦一边抱怨："妈妈真是太霸道了，一点都不通情达理，好好的实验都被她毁掉了。"

宝莲本来是想做个解剖实验，却被妈妈毫不留情面地制止了，这位妈妈不仅误解了孩子，还挫伤了孩子的求知欲，这种权威就没有起到积极的作用。在日常生活中，家长应该适当地放下权威，多听听孩子的想法，弄清孩子做事的理由，这样就可以减少对孩子的误解，而且还能帮助孩子提高学习能力和实践能力。

管教妙招

◎父母应该正确认识自己的权威，并利用权威帮助孩子树立正确的价值观、形成正确的是非判断标准。

◎家长要把"民主"和权威相结合，既不过分"压迫"孩子，也不过分放任孩子，让孩子快乐地成长。

◎父母想要在孩子的心目中树立权威形象，就要多和孩子沟通，平等地和孩子相处，让孩子感受到父母对他的尊重，这样孩子才更容易接受家长的意见。

好孩子不是惩罚出来的
——优秀家长的教育方法

◎父母要多听孩子的意见，不能专制地决定孩子的行为，否则可能会误解孩子、打消孩子的好奇心和积极性。

第二章
放下棍棒，真正赏识你的孩子

好孩子不是打出来的，而是赏识出来的。贴心的父母都知道，当你在赏识孩子的时候，他的眼睛里会闪烁着快乐的光芒。有的家长觉得赏识孩子是一件很简单的事情，只要说"你很棒"、"你不错"等敷衍性的词就能达到教育效果，其实不然。你的孩子是很聪明的，形式化的赞赏会觉得是在敷衍他，所以，作为家长，你要学几招赏识孩子的技巧，帮助孩子快乐地成长。

孩子的闪光点需要家长用心去发现

我们常说"孩子是自己的好",但是,很多家长并没有真正看到自己孩子的优点,而是经常抱怨孩子,"你怎么这么不争气?""你真是丢人丢到家了!"这些话会无形地伤害孩子心灵,影响他们的健康成长。其实,每个孩子的身上都有优点,只是家长们缺少发现的意识。当家长在抱怨孩子不够优秀时,其实也体现自己在教育孩子的问题上出现了错误。

在现实生活中,有的父母很少看到孩子的闪光点,总是习惯性地找孩子的缺点,然后批评、惩罚孩子,这样的教育方式不但会伤害孩子的自尊心,还会让孩子渐渐和父母之间产生隔阂,影响亲子关系。

"无论什么人,受激励而改过,是很容易的,受责罚而改过是比较难的。"陈鹤琴先生在谈到鼓励在教育中的作用时这样说。确实,针对现在的孩子们,"扬长"教育比"避短"教育更有效果。所谓"扬长教育"就是让孩子在自己擅长的领域越走越远、越走越好,所以父母应该给孩子更多的鼓励,支持孩子取得更好的成绩。

我国著名的教育学家陶行知先生就很擅长用鼓励的方式来教育孩子。一次,他在校园里散步,两个男生在打闹,一个男生说了句脏话。陶先生走过去严肃地说:"老师没有告诉过你不许说脏话吗?今天下午放学后到我的办公室去。"男生听了低下头说:"好。"下午放学后,这个男孩果然到他的办公室来了。陶先生看到男孩后不但没有批评他,反而把桌子上的四颗糖递给了他。男孩诧异地看着他,说:"您不是要批评我吗?"陶先生笑道:

"你说脏话的确不对，但是你遵守了承诺，值得表扬。"男孩听了很高兴，也很感动，因为其他的老师并没有这样夸奖过他。后来，这个男孩不但改掉了说脏话的毛病，在其他的方面也有了很大的进步。

鼓励孩子时尽量不要无中生有，你的孩子明明不会画画，你却说他的画技很惊人，这样的鼓励会让孩子摸不着头脑。而且如果你有意这么引导他的话，很有可能会给他带来很大的压力。因此，发现孩子的闪光点要具体、真实，而且在鼓励孩子时不能简单地说"你真棒"，"你挺聪明的"，因为这样的鼓励苍白而没有力度，孩子听了也不会有太大的动力。所以作为家长，要了解自己的孩子，并对他众所周知的优点给予赞扬，这样才能够深入挖掘出孩子的闪光点。

在挖掘孩子的闪光点时尽量给孩子展示的机会，不要简单地说"你很诚实"或者"你很勇敢"，而应该让孩子在众人面前展现自己，这样孩子才能找到自信。比如朋友来家里聚会的时候，你让孩子做一道简单的菜，然后说："我的孩子很勤快，经常帮我们做家务。"这时候客人们都会夸奖他，而孩子也会感觉很骄傲。

此外，父母还要让孩子真切体会到成功的喜悦。每个人都会遇到困难，而孩子在面对困难时很容易退缩，因此父母应该鼓励孩子战胜困难，并帮助他取得成功。孩子取得成功后，除了满心的欢喜外，最希望得到的就是他人的赞赏，而父母的鼓励在这个时候也是最有效的。体会到成功的喜悦后，孩子就会自信心大增，对成功的渴望也会越来越强，所以他会继续努力取得更大的进步。如果父母在这个时候不给予孩子鼓励的话，他就会觉得自己所取得的成功没有太大的意义，以后也不会为此而付出太多，当然就不太可能成为出色的人才。

父母在赞扬孩子的时候要注意，不要只赞扬孩子特别引人注意的优点，哪怕孩子只是在某一方面、某一点上有优势，父母都应该赞扬他，不要认为优点很小就把它忽略掉。比如有的孩子很有个性，不随波逐流，喜欢走自己的路。比如大多数孩子都会认同老师的观点，而一小部分的孩子偏偏喜欢挑老师的错误，其实，这也是一种优点，而且家长应该就此鼓励孩子，让他保持这种与众不同的优势。

作为家长，要真正地感到"孩子是自己的好"，认真去了解自己的孩子，不但要知道孩子的缺点，更要知道他们的优点，这样才能够帮助孩子更加健康、快乐地成长。

管教妙招

◎作为家长，不但要知道孩子的缺点，更要知道孩子的优点，并适时鼓励孩子，让孩子在生活和学习的过程中更有动力。

◎在鼓励孩子时要抓住重点，找出孩子众所周知的优点并给以赞扬，这样才能起到激励的作用，反之则可能会让孩子摸不着头脑，最终会适得其反。

◎哪怕孩子只在某一方面、某一点上有一点优势，家长都应该赞赏他。

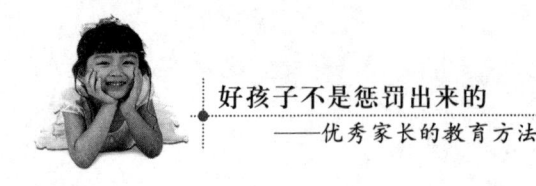

好孩子不是惩罚出来的
——优秀家长的教育方法

孩子有"破坏力",父母应该感到高兴

在家长看来,不听话的孩子实在是太多了。顶嘴的、不爱做家务的、打架的、经常在家里"搞破坏"的……其中经常"搞破坏"的孩子让父母们最头疼,只要稍不注意,家里的某个电器或者某样小家具就要遭殃。

陈德从小就喜欢"搞破坏",经常把家里的手电筒、闹钟等拆得东一堆西一堆的,而且从来都没有把这些可怜的东西还原过。一天,妈妈手里拿着一些零件气冲冲地跑到他的房间问:"这是怎么回事?好好的手机怎么成这样了,你的老毛病又犯了吧?"

陈德"嘿嘿"地笑了两声,说:"对不起啦,我只是想拆开看看这里面有些什么东西而已,我会把它修好的。"

"修好?你什么时候把拆坏的东西修好过?这可是手机,妈妈明天要用的,这可怎么办,你能今天修好吗?"妈妈越说越生气。

陈德被妈妈说得有些不高兴了,没好气地说:"有什么大不了的!我刚才一直想把它安装好的,可是太麻烦了,我花了好长时间都没弄好。不过您放心,我保证,明天一早肯定还您一个完好无损的手机。"

妈妈摇了摇头,叹气说:"好吧!那我就给你一次机会,明天一早我必须看见手机完好地放在我的床头柜上,听见了吗?"

"听见了,这次我一定不会让您失望的。"陈德说完拿着手机零件就跑进来自己的房间。

他鼓捣了好一阵子都没有把手机安装好，无论怎么装都发现有一两个零件多余出来。眼看着天就要黑了，陈德没了办法，这时爸爸回来了。

"老爸，您会安装手机吗？"陈德赶紧向爸爸求救。

"咓，你把它拆成这样了要我怎么办呢？"爸爸摊开双手，表示自己也无可奈何。

"您真是没用，这么大了连手机都不会安装！"陈德向来和爸爸关系很好，着急时经常对爸爸"出言不逊"。

"我没有办法，但是修手机的人一定知道怎么办。"爸爸提醒他说。

陈德一听，高兴地说："谢谢老爸提醒，你们等我一会儿。"说着就拿着一堆手机零件跑到附近的手机维修店。

"师傅，您能教我怎么把手机重新安装好吗？"一进门陈德就对手机维修员说。

"没问题。"维修员一看就知道是怎么回事，这种情况在他们家也经常发生，他很欣赏陈德的"破坏力"，也认真地给他作了指导。在维修员的帮助下，陈德成功地将妈妈的手机还原了。

第二天，妈妈醒来一看，手机果然完好无损地放在床头柜上，她高兴地说："我曾经的小'破坏王'终于长大了。"

在日常生活中，很多家长都不赞成孩子在家里"搞破坏"，只要看到孩子有破坏某种东西的征兆，父母就会马上阻止。其实，无论孩子是动手拆玩具，还是研究家里的每种小电器，这都可能是创造力的一种表现，因为他有强烈的求知欲和丰富的想象力。而在破坏的过程中，孩子得到的是一个可以尽情展示自己的舞台。当孩子很小的时候，家长们可能还会容忍他们的"破坏"，但是等孩子长大以后，家长们就对孩子的"破坏力"失去耐心了，经

常责备孩子"不干正事"。

其实,"破坏力"存在于各个年龄段,而且会随着孩子年龄的增长变得更强,无论你的孩子是小学、初中、还是高中,当他出现一些破坏性行为时,家长不能一味地呵斥、禁止,而要鼓励孩子继续创作,想办法解放他的双手,让他在实践中不断增强创新意识。

想要锻炼孩子的创造力,家长就要在平时的生活中为孩子提供一个自由的空间。我们经常发现很多孩子躲在自己的房间里忙自己的事情,这时候家长尽量不要参与,因为孩子可能正在进行他自己的某项实验,家长的打扰会让他失去思路或者兴趣。因此,家长应允许孩子在不损害自己和他人身体健康的前提下,适当搞"破坏",这样可以帮助他丰富知识、提高创造力。

此外,即使孩子的"破坏"行为真的把家里的东西弄坏了,家长也不要过分责备孩子,而要看到孩子勇于探索的精神,并鼓励他继续努力,争取把被他拆了的东西还原。

父母也可以参与到孩子的"破坏"行动中,不过要在孩子不能独自解决问题的情况下。一般情况下,如果孩子把家里的东西弄坏了,他的第一反应会是,"完了,爸妈一定要骂我的"。因为他觉得自己是错的。如果这时候父母也只看到了他的错误,而忽视他的求知欲,那么孩子就很难培养创造力了。

这时候,家长应该告诉他,"没事,只要你把它修好了,妈妈就当什么事都没有发生过。"听到这句安慰的话后,孩子肯定会努力把东西修好。当他实在无能为力了,家长就要适当地给他一些帮助,这样才更能激励孩子开发思维。

不过,孩子的"破坏"行为有时和创造力没有什么关系,而有可能是在发泄情绪。我们知道,孩子到了青春期后脾气大多会见长,动不动就摔东西，有的男生还会因为气愤而把自己的MP5拆掉，丝毫没有想到这是妈妈用一个月的工资买来的。所以，对待孩子的"破坏"行为，家长要多一点包容心，要心平气和地询问孩子为什么这样做。如果孩子真的是出于发泄的目的，家长就应耐心劝导孩子，让他停止破坏，以免让孩子养成不良的坏习惯。

管教妙招

◎不论孩子有多大，父母都不要过分训斥孩子的"破坏"行为，而要从中看到孩子的探究精神，尽量鼓励孩子尝试新鲜的事物，并给孩子提供一个自由的空间让孩子去发挥。

◎当孩子无法挽救自己的"破坏"行为时，家长应该参与进去，帮助孩子一起解决问题，这样会增强孩子的自信，让孩子更加热爱探究和创新。

◎并不是所有的"破坏"行为都与创造力有关，父母要关心孩子"破坏"背后的原因，正确对待孩子的破坏行为。

男孩适当流泪，更利于成长

在常人的观念里，男孩是不应该哭泣的，男孩哭泣就是懦弱的表现。其实不然，有句话说，"男儿有泪不轻弹，只是未到伤心处"，所以说，男孩也是有哭泣权利的，只是不要像女孩一样经常哭哭啼啼的就好。

好孩子不是惩罚出来的
——优秀家长的教育方法

小磊升入六年级了,他活泼开朗,聪明好学,从小就是班干部,但还没有当过班长,所以他希望能在新学期竞选一次班长,多为同学、为班集体做些贡献。可没想到的是,老师竟然选了一名成绩比他差的学生当班干部,而自己只是一个学习委员。小磊觉得很委屈,越想越难过,回家的路上眼泪就在眼眶里打起了转。

"儿子,你是不是哭过啊,什么大不了的事?"刚回到家,妈妈看他眼圈红红的就问。

"……呜呜……老师不让我当班长……呜呜……"小磊刚说完话又呜呜地哭了起来。

妈妈听了把眉头一皱,板着脸说道:"一个男孩子,哭哭泣泣的像什么样子,这么点小事也值得哭吗?'男儿有泪不轻弹',你难道没有听过啊?"

小磊见妈妈不仅不理解自己,反而笑话自己懦弱,心里就更委屈了,嘴一咧,哭声越来越大。

妈妈见状,气得走过去拍了他几下,以为这样就可以阻止他哭,谁知道小磊哭着跑回了自己的房间,不管妈妈在门外怎么敲、怎么喊都装作听不见,蒙着被子呜呜地大哭,直到哭累了,抽泣着进入了梦乡。

妈妈在外面又急又气又后悔,恨自己一时冲动、动手打了儿子。这时爸爸回来了,问:"你们这是怎么啦,哭哭闹闹的?"

"儿子一回来就哭,我以为是什么大事,不过是班长没有选上而已,这有什么值得哭的。我劝了半天他不听,所以就打了他两下,谁知他就赌气不理我了。"

"哎呀,你也是,谁说男孩就不能哭的,你也不听听他的想法就动手打他,这下自己解决吧。"爸爸知道小磊的脾气很倔,干脆连劝都不劝,自己走开了。

第二天，妈妈特意做了一桌子小磊最喜欢吃的菜，吃饭的时候对他说："儿子，昨天是妈妈不对，可是你为什么要哭啊？那也不是什么大事。"

小磊被妈妈的诚意打动了，一边吃饭一边回答："其实也不全是班长没有竞选上的原因……"原来，竞选当天，小磊因为不满老师的决定，就向老师表示不满，但老师不但没有耐心地告诉他具体的原因，还说他嫉贤妒能，容不下其他的同学。当时同学们都盯着他看，他觉得很没有面子，恨不能找个地缝钻进去。一想到自己在新同学的眼中是个嫉贤妒能的人，小磊就很难过，所以才忍不住哭出来。

妈妈这才明白，原来儿子不是懦弱，只是有了较强的羞耻心。

在生活中，很多父母都不喜欢看到自己的儿子哭泣，因为大家都觉得男孩就应该"有泪不轻弹"，牙打碎了往肚子里咽，哭是一种很不阳刚的表现。男孩的确应该坚强些，即使身体受伤或受到打击也尽量不要像女孩那样哭哭啼啼，否则一旦形成习惯，长大后性格就会比较懦弱，很难扛起重大的责任、做成大事。但是，这不代表男孩就没有哭泣的权利。

无论是男孩还是女孩，在小时候都比较容易哭泣，因为他们还没有承受过多少打击，心灵比较脆弱，哭泣是很正常的。但是，父母要根据具体情况减少孩子哭泣的次数，慢慢培养孩子坚强的性格。

当男孩哭泣时，父母不应过分责备他，而应该弄清楚他哭泣的原因。其实我们认真思考一下，当成人觉得压力很大或者遇到伤心事的时候都会忍不住哭泣，何况是孩子呢！对孩子而言，在他的成长过程中，哭泣是有着丰富的含义的，哭不仅是宣泄不良情绪的一种常用方式，而且是向父母求助的一种信号，还是厌恶自己能力不及的一种表现和孩子自我疗伤的一种手段。所

以，父母应该用正确的方式来安慰孩子，在他情绪宣泄后，和他一起讨论遇到了什么问题，为什么自己不能解决，自己应该想什么办法去解决等，让孩子逐渐把注意力转移到解决问题上，而不是停留在伤心难过中。如是几次，孩子在遇到类似的问题时就能够自己解决了，当然就不会再轻易哭泣。

刘振东已经十一岁了，从他很小的时候父母就对他要求很严，妈妈经常告诉他："男孩子必须要坚强，不能随便哭。"因此，振东在外人眼里一直是个听话、能干的好孩子，只不过性格有点闷，不善于交际。

振东逐渐长大了，但性格依然很沉闷，每天在家基本上不说话，父母觉得这样下去会影响他的健康成长，便带他去了心理咨询处，希望能帮助他变得活泼一点。心理医师经过一番询问后发现，原来是父母的教育方法出了问题。

"虽然振东是男孩子，但当他心情不好的时候，做父母的应该鼓励孩子哭出来，让他发泄出心里的不良情绪，这样才更有利于孩子健康成长。"心理医师这样对小律的父母说道。

"让他哭？男孩子怎么能哭呢？那样太娇气了。"振东的爸爸反驳道。

心理医师摇摇头，笑着说："男孩子怎么就不能哭了？哭是孩子最直率的发泄方法，做父母的不能剥夺孩子的这一权利啊。"

"可是……"妈妈还是不太同意心理医师的观点。

心理医师看出了她的疑虑，微笑道："男孩子的确应该坚强一点，不能整天哭哭啼啼的，其实这一点孩子自己也知道，所以很多男孩子在哭的时候总是背着人。做父母的如果偶尔发现孩子忍不住在你们面前哭了，不要一味训斥，应该打开他的心结，鼓励他用哭的方式发泄不良情绪。"

"哦，原来小孩子哭也是这么复杂的事情啊。"振东的父母这才明白，以后再也不强制儿子不哭了。

当男孩在十来岁的时候，就已经有了明显的性别意识，明白自己"是一个小男子汉"，不能随便哭泣。但生活中总会出现一些不如意的事情，即使是男孩也会觉得委屈、难过，哭泣也是难免的。当他哭泣时，父母应该以劝慰为主，并告诉他"遇到十分难过的事情时，就哭出来吧"，"男人哭泣不是丢脸的事儿"，让他放下心理的负担。并且父母应该让孩子明白，负面情绪是需要控制的，而且也可以控制。比如遇到的困难不是很大，只要肯认真思考，还是能够独立解决的，这个时候就要克制自己尽量不要哭泣。总之，男孩的坚强也是需要后天培养的，家长不能剥夺男孩哭泣的权利。

管教妙招

◎当男孩哭泣时，父母不要一味地责备他，而是要弄清楚他哭泣的原因，并正确地安慰他。

◎男孩哭泣时父母不要阻止，哭泣能够宣泄心中的不良情绪，对孩子的健康成长有一定的好处。

◎父母不能剥夺男孩哭泣的权利，但要让男孩明白，负面情绪是可以控制的，并教给孩子控制负面情绪的方法，帮助孩子减少哭泣的次数，让孩子慢慢变得坚强起来。

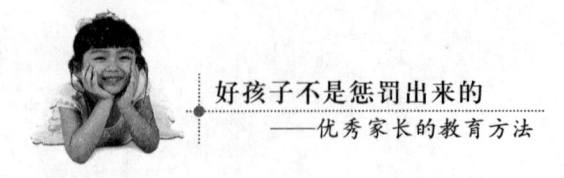

男孩的成长也需要经常夸奖

很多家长以为，女孩生性胆小，需要多多地肯定、鼓励她们，这样才能让她们更加快乐地成长，至于淘气、大胆的男孩，完全可以多否定一点，免得他们不听管教。其实这个观点是错误的，和女孩一样，男孩也需要得到父母的肯定。

阿冰12岁了，是个很活泼的男孩，在学校、小区里人缘都很好，而且成绩也非常不错，很多家长都特别羡慕他的父母，"我要是有一个像阿冰这样的孩子，这辈子就知足了。"不过，阿冰的父母并没有觉得自己的儿子有大家说的那么好，经常挑儿子的错。

一天傍晚，爸爸正在家里看电视，阿冰风风火火地跑了进来，手里还拿着一个小手电筒。

爸爸见阿冰一身的泥巴，心想儿子肯定又去哪疯玩了，就对他说："又把衣服弄得这么脏，你妈要是见到你这个样子，肯定会'修理'你的。"

"爸爸，我告诉你，离咱们小区不远处有一座空楼，前几天听说里面闹鬼，我们不信，今天就一块进去转了一圈。里面真的挺阴森的，就在我们没注意的时候，一只耗子突然跑了出来，我们都被吓坏了，赶紧往外跑，嘿嘿……"

"那你的衣服怎么会脏呢？"爸爸问。

"跑的时候太着急，结果就摔倒了，弄了一身灰，嘿嘿……"

"什么？你去那栋破楼里玩了？"正巧这个时候，妈妈买菜回来听到了父子俩的对话，妈妈手里提着菜篮子，一脸的惊讶。

"好好的干吗去那个鬼地方，有没有受伤？"妈妈让儿子站起来，转着圈审查了一遍又一遍，直到确认儿子没有受伤，这才松了一口气，不过脸上却多了几分抱怨，她很不客气地对爸爸说："你这个当爸的是怎么回事？也不知道管管自己的孩子，万一出了安全问题怎么办！"

"对啊，我还忘了审问你，既然知道闹鬼，那怎么还要进去，万一里面有坏人呢，这么大的孩子了，一点事都不懂。"

妈妈又补充道："以后不准再到外面乱玩，尤其是有危险的地方，听到没，要是妈妈发现你不听话，又去做危险的事情，妈妈以后就禁止你外出！"

阿冰听了有些不高兴，心想，我不就是想有个新发现吗，你们至于生这么大的气吗！

不仅这一次，很多时候阿冰明明没有犯什么错，但父母依然小题大做，总是认为他做得不对，经常给他下"禁止令"，阿冰很是苦恼。心想，我在学校、小区里经常被老师和其他的家长夸，为什么爸爸妈妈却偏偏看我不顺眼呢？

故事中的阿冰本来很高兴地告诉父母自己的新发现，想和他们一起分享自己的快乐，并得到他们的赞赏，但得到的却是父母的责备，还被妈妈下了"禁止令"。

男孩比较淘气是众所周知的事情，他们常常把自己弄得脏兮兮的，而且隔三差五还要打个小架、受点小伤，让家长头疼不已。如果男孩的好奇心

好孩子不是惩罚出来的
——优秀家长的教育方法

出现了,他们就会大胆地去尝试各种新鲜事物,或者做些有危险的事情。这时,家长就会担惊受怕,还会想方设法地阻止他们,给他们下禁止令,哪怕这样做会惹得孩子不高兴。其实,凡事有利就有弊,家长在以"爱"的名义对男孩的活动进行束缚和管制时,同时也会压制他的创造力和成就感。

很多儿童教育专家经过研究发现,男孩创造力的强弱和成就感的高低与家长对他们的反应密切关联。当家长对他的行为进行表扬时,他就会觉得自己得到了认可,对自己的期望也随之提高,在日后也会更加努力、争取取得更大的进步。反之,如果孩子得到的批评或否定比较多,他的积极性就会被大大地挫伤,从而变得没有自信、没有拼劲儿。因此,在生活中,家长应适当增加对儿子的肯定,让他体会到来自父母的认可和鼓励,这比单纯的以"危险"、"不务正业"等理由来否定和制止他的行为要好得多。

看到阿冰一脸的郁闷,爸爸没有做声,他意识到儿子似乎是受到了打击。两天后,妈妈已经不追究这件事了,而且也忘记了禁止阿冰外出的命令。中午的时候,爸爸觉得妈妈的心情不错,便对她说:"小孩子喜欢探险其实也是件好事情,既能满足他的求知欲望,还能锻炼儿子的胆量和勇气,我们也许不应该总是否定他。"

"本来就是不对的事情,你怎么还纵容他呢!"一听这话,妈妈的脾气马上就上来了。

"我们多告诉他一些保护自己的常识不就行了,而且还能让他多掌握了一些知识。咱们总是这样否定他的行为是不行的,现在他还小,不敢反抗,可是等他到了逆反期的时候就不会听从你的管制了,到时候怎么办?"爸爸劝道。

妈妈想了一下,很不情愿地回答道:"那……好吧,但是不能放纵他,免得把他惯坏了。"

没过几天,儿子放学回家晚了,妈妈很生气,问:"干什么去了?"

阿冰笑着说:"学轮滑,我已经学得差不多了。"

妈妈本来很担心,但并没有限制他,语气稍缓地说:"学轮滑可以,但必须做好保护措施,不能受伤,否则妈妈就不许你玩儿了。"

阿冰一听高兴坏了,高兴地亲了妈妈一口说:"您放心吧,我保证保护好自己!"

阿冰果然言出必行,在后来的日子里,不论他有什么新的尝试,都会考虑到自己的安全、想到父母的嘱咐,不但成绩越来越好,而且身体也越来越棒。

故事中的妈妈认识到自己的错误后马上改正了,用鼓励代替管制,激励儿子不断地进步。这种肯定和鼓励的教育方式是值得借鉴的。一般说来,孩子的想法和愿望往往比较单纯,期望也比较高,如果家长因关心而经常否定或压制他们的做法,虽然保护了孩子的安全,却影响了孩子的情绪,让他产生"我的什么想法父母都会反对"、"虽然他们爱我,但是他们并不理解我"等想法,这样会影响到亲子关系,甚至会让亲子之间产生隔阂,很不利于孩子的健康成长。因此,堵不如疏,家长不妨在肯定孩子美好想法和良好愿望的同时,再对其进行提点,让他明白自己在哪些地方做得还不完善,需要调整,这样自己的观点才更容易被孩子所接受。

除了不否定男孩的行为外,家长还要尽量激励男孩下次继续努力。因为当他们带着一腔热情去做事时,结果往往并不如他们想象得那样好,这时他们的内心会感到非常失望,如果有父母的激励,他们就会打起精神来,继续奋斗,直到成功为止。或者,孩子本以为自己已经做得很棒了,向父母炫耀

好孩子不是惩罚出来的
——优秀家长的教育方法

时，父母不要直接说，"骄傲使人落后"，而是先夸奖他取得的成绩，然后告诉他，"孩子，你其实可以做得更好呢！""我相信我的宝贝儿子还能取得更好的成绩！"以此激起孩子的自信和积极性。除此之外，家长还要让孩子明白：成绩的高低、做事的完美程度不仅仅和热情有关，还和努力程度相连，并引导他们寻找提高自己的途径，争取取得更大的进步。

管教妙招

◎当男孩在尝试做事情时，家长不要一味地阻止他，而要肯定他的积极性，并适当地帮助他取得成功

◎男孩需要时常激励，当他遇到挫折或取得较好的成绩时，家长都要尽量鼓励他，让他克服困难、取得更大的进步。

做一个善于激发孩子潜能的好家长

有这样一句话："一个善于激发人们潜能的将军，才是英明的将军；一个善于调动孩子的积极性、发挥出孩子潜能的家长，才是一个优秀的家长。"但是在日常生活中，很多家长并不懂得如何才能发掘孩子的潜能，经常盲目地给孩子报各种特长班，结果不但没有发掘出孩子的潜能，反而弄得孩子很反感。作为家长，一定要认真了解自己的孩子，真正发掘出孩子的潜能，帮助孩子健康地成长。

每个孩子都有可以发掘的潜能，只是家长们缺少发掘的意识。孩子的大

脑就好比是大地，父母不要只局限于发掘孩子类似森林、河流一样的表面的能力，还要尽量往深处挖，说不定能挖出金矿、煤矿、石油等宝藏，而这些宝藏便是隐藏在孩子大脑深处的潜能。

发掘出孩子的一种潜能胜过让孩子报100个特长班，我们经常看到这样的情况：放学了，家长催促孩子说："快点，钢琴课要开始了，我教了半年的学费呢，你一定要好好学。"可是孩子却说："又不是我让你交的学费，我不喜欢弹钢琴，您要是喜欢就自己去学。"家长听了很生气，大声嚷道："怎么这么不听话，妈妈不都是为你好吗？如果我小时候有学钢琴的条件，现在早就是一位钢琴家了。你倒好，我给你创造条件你都不学。"面对不讲理的家长，孩子只好硬着头皮去上课。可是课上根本就没有兴趣学，成绩也很差，到最后还是要被家长训斥。

很多家长觉得发掘孩子的潜能就是给孩子报特长班，其实这种做法是盲目的、不科学的。每个孩子的特长都不一样，家长不能因为别人家的孩子在学舞蹈就要让自己的孩子去学舞蹈，而要问一问自己的孩子："你喜欢什么？"从孩子的兴趣入手，一步一步地帮助孩子挖掘出自己的潜能。

有的孩子没有什么喜好，家长经常抱怨，"我的孩子简直就是个书呆子，一点特长都没有，真让人担心！"其实不是孩子没有特长，只是家长没有帮助孩子发掘出来。孩子的人生经历还少，对自己的认识也不足，即使他在某一方面有天赋，但自己是发现不了的，这就需要家长来帮忙了。首先家长要多和孩子交流，认真了解自己的孩子，经常和孩子一起看电视、聊天、游戏等，时间长了，就会在生活中发现孩子某一方面的潜能。

在发掘孩子潜能的初期，家长可以通过和孩子一起做体育运动的方式开始，因为孩子大多比较爱玩爱动，而且体育方面的潜能也是比较容易发掘的。当他们发现自己某项运动的水平提高了时，不但心情会变好，整个人都

会变得更自信。比如，家长和孩子一起进行跑步锻炼，先从每天跑一两千米开始，然后逐渐提高强度；或者和孩子一起踢足球，从一次二十分钟到半个小时、四十分钟等。在运动的过程中，家长适时点拨一下孩子，启发他主动思考，努力开发自己在体育方面的潜能。一段时间后，家长再鼓励孩子开发自己在其他方面的潜能，如当众演讲、提高背诵速度，等等。

孩子的潜能有时候会在探索新事物的过程中显露出来，所以，家长可以让孩子大胆地尝试探索新事物，比如带孩子一起野营、一起郊游，鼓励孩子在注意人身安全的前提下去探索大自然的奥秘，激发孩子探索未知事物的兴趣。在家里，家长也可以鼓励孩子对以前不了解的事物进行研究，或者鼓励孩子自己编故事、学习一门新艺术课程等，让孩子在充满乐趣的探索、研究过程中逐渐发掘自己的潜能。

管教妙招

◎父母想要发掘孩子的潜能，首先要肯定自己的孩子是有潜能的，然后再多和孩子接触，经常和孩子一起游戏、聊天、学习等，慢慢发现孩子的潜能并帮助孩子发掘出来。

◎在发掘孩子潜能的初期，父母可以从体育运动方面入手，因为孩子大多比较爱动爱玩，而体育方面的潜能也是较容易发掘的。

◎孩子的潜能有时候会在探索新事物的过程中显露出来，所以父母可以让孩子尝试着探索新事物。

教育孩子慎用"比较法"

生活中,很多家长都喜欢拿自己的孩子和其他的孩子作比较,然后对自己的孩子说:"你看看人家×××,学习又好,人又懂事,再看看你,一无是处。"这时候孩子就会委屈地说:"那你去当他的妈妈吧,我才不稀罕呢!"于是,亲子之间就要闹别扭了。如果家长经常拿孩子的好朋友和别的孩子作比较,那么不但会影响亲子关系,还会破坏两个孩子之间的友谊。俗话说"人比人,气死人"。孩子比孩子,也是要气死孩子的。

大可和小壮是铁哥们儿,他们从小就在一起玩,基本上没有吵过架,感情比一般的亲兄弟还要好。但是最近,小壮有些抵触和大可在一起玩,只要一看见大可,他就马上扭头走开,能躲多远就躲多远。对此大可也有些纳闷,不知道什么时候,自己的好哥们儿竟成了陌生人一样。

原来,小壮人如其名,长得虎头虎脑的,性格还有些憨厚,虽然有的人觉得他很可爱,但有的人却觉得他有点傻,最主要的是,小壮的学习成绩有点落后。而大可刚好相反,不仅长得帅气,人也很聪明,不管什么难题,只要稍微动动脑子,他就能轻而易举地解决掉。

一对好朋友却有着如此巨大的反差,这让小壮的妈妈心里很不是滋味,她经常生气地对小壮说:"你看看你,天天和大可一起玩儿,怎么就不能向人家好好学一学呢?长得没有人家好看就算了,连学习也不是人家的对手,真是给妈妈丢脸!"

好孩子不是惩罚出来的
——优秀家长的教育方法

对于妈妈的吼骂，小壮听一次没什么感觉，听两次没有反感，但三次、四次之后，就没办法不在意了。在和大可玩儿的时候，他总是偷偷观察大可，还会模仿他的一言一行，也经常找大可补习功课，成绩虽然有了进步，却仍换不来妈妈一丁点的赞赏和鼓励。

小壮本来很喜欢大可，但现在一看见大可就会想起妈妈对自己又吼又叫的样子，心里很委屈，但又不知道跟谁说，只好闷在心里。而且他在面对大可时也觉得很别扭，只好用逃避的方式来解决这一切。

本来小壮和大可是一对好哥们儿，但小壮的妈妈经常拿他和大可作比较，总是对小壮大吼大叫，不但伤害了小壮的自尊，也破坏了小哥儿俩的友谊。其实每个人都有优点和缺点，孩子也是一样的。但父母总是希望自己的孩子是最优秀的，所以经常拿自己的孩子和别人孩子作比较。在比较的过程中，家长们又总是拿自己孩子的短处去和别人孩子的长处相比，这样就把其他孩子的优点过度美化、把自己孩子的缺点过度丑化了，本意是想激励自己的孩子向别人看齐，结果却伤害了孩子的自尊。

家长在评价自己的孩子时，不能因为孩子的某些方面不如别人，就否定孩子或认为孩子没有出息，而要善于发现孩子的长处，找到他与众不同的地方。其实每个孩子都有自己的闪光点，家长要相信自己的孩子是优秀的，多给孩子一些赞美，让孩子在父母的鼓励中不断进步。

我们都知道，每个孩子的智力水平、兴趣爱好和心理素质等方面都有所不同，所以家长不能盲目地拿孩子和别人作比较，这是很不科学的。如果父母长期拿孩子的缺点和其他孩子的优点相比，就会抹杀了孩子的天性。有的孩子为了达到了家长的要求，经常去模仿家长认为很优秀的孩子，结果不但没有学到对方的优点，反而把自己的优势丢掉了。所以，家长不应该把自己的孩子变成其他孩子的复制品，要正确认识孩子的智力、能力等，让孩子按照他的天性去发展。

周锐今天一进家就垂头丧气的，完全没有往日活蹦乱跳的劲头。他看见妈妈正在客厅里看电视，就有气无力地打了声招呼："妈妈，我回来了。"然后便回到自己的卧室。

"在学校发生什么事了？怎么这么不高兴啊？"妈妈走进房间轻声问道。

"没什么，我就是心里不痛快。"周锐趴在床上说。

"跟妈妈说说，怎么啦？"妈妈追问道。

"老师说我没有王阳懂事，还说我纪律差。"周锐委屈地说。

"老师为什么这么说啊？"妈妈继续问。

"上课老师提了一个问题，我知道答案，也举手了，可是老师就是不叫我回答，我一着急就自己站起来回答了。"周锐说。

妈妈听了笑道："小锐，勇于回答问题是对的，老师批评你是因为你没有取得老师的同意就自己回答了，老师觉得你的行为不尊重他，但并不代表老师不喜欢你。"

"真的？那王阳真的比我优秀吗？"周锐问道。

"当然不是，王阳的确很懂事，但你勇敢、乐于助人、爱思考，这些方面王阳都比不上你！"妈妈肯定地说。

周锐听了心情逐渐好起来，很快就忘了这件不开心的事。

不但家长喜欢拿两个孩子来作比较，老师有时也会犯这种错误。故事中的周锐就是被老师当作参照面批评的人，对此他很不痛快。面对郁闷的周

锐，妈妈认真分析他的错误，并指出他的优点，重新帮他找回了自信。

家长应该正确应用比较的方法，让孩子在和其他孩子进行比较的过程中取得进步。比如，把孩子的优点和其他孩子的缺点进行比较，这样能够让孩子有优越感，而且也会在这方面更加努力，这也是"扬长教育"的一种体现。

管教妙招

◎家长要认识到，自己的孩子是有优点的，不能盲目地拿自己的孩子和其他孩子进行比较，否则会伤害孩子的自尊心。

◎当老师把你的孩子和其他的孩子进行比较，从而伤害了你的孩子时，要记得让孩子正确认识自己，帮助孩子重新找回自信。

◎家长可以合理地运用比较的方法，比如把孩子的优点和其他孩子的缺点进行比较，以此让孩子产生优越感，能够鼓励孩子取得更大的进步。

第三章
每个孩子都是独一无二的，因材施教效果最好

　　每个孩子都是好孩子，每个孩子也都能够成才，关键要看家长怎么教育。其实，只要方法得当，几乎每个孩子都能成为家长心目中的人中龙凤。家长在抱怨孩子不够优秀时可以适当地反思一下，是不是自己的培养方向发生了偏差，因为每个孩子都是独一无二的，培养方法也应该有所区别。所以家长要认真了解自己的孩子，真正做到因材施教，这样才能帮助孩子长成栋梁之才。

孩子内向，父母不用担心焦虑

很多家长都喜欢活泼、外向的孩子，因为这样的孩子看起来聪明、机灵，其实，内向的孩子同样很聪明，只是不善于表现自己而已。所以，家长不能因为自己的孩子性格偏内向就感到烦恼。

安琪和阿雅是好朋友，但两个人的性格迥然不同，一个很开朗，整天说说笑笑的，跟谁都能聊到一块儿，在她看来，世界上好像没有陌生人一样；一个很内向，从来不多说一句话，而且一见到陌生人就脸红。虽然两个人的性格完全不同，但在小区里她们都是好孩子的典范，只有她们的父母不这么认为。

阿雅妈经常无奈地对阿雅说："你就不能向安琪学习一下？你看人家，能说会道的，见人就喊叔叔阿姨，多招人喜欢。再看看你，整天低着头像个闷葫芦，以后到了社会上，可怎么办跟别人交流啊？"对妈妈的这番言论，阿雅经常是低头不语或者是装作没听到，该怎么样还是怎么样。

而在安琪家，妈妈也有烦恼，因为安琪实在是太自来熟了，就连遇到个陌生人，也能像熟人似的交谈起来，虽然这样的性格对她日后的交际很有好处，但对现在的她来说，还是缺少安全感的，万一哪天遇到坏人怎么办！妈妈经常对她说："别总是对陌生人瞎热情！"但是她扭头就忘了。

这天，阿雅妈和安琪妈在楼下相遇，两位母亲都在为孩子的性格发愁，便坐到一起交谈了起来。

好孩子不是惩罚出来的
—— 优秀家长的教育方法

"我们家安琪太外向了,如果能收敛一些就好了,我真担心她哪天把坏人当成好朋友领回家。"安琪妈担忧地说道。

阿雅妈也叹了口气,对她说:"如果有可能,我倒希望阿雅变成安琪那样的性格。不管怎样,起码她的社交不会出现问题,可你看我们家阿雅,和家里人说话都怯怯的,这么内向,以后怎么适应社会上激烈的竞争环境?"

"哎,要是两个孩子的性格能中和一下就好了。"安琪妈皱起了眉头,苦笑着。

"是啊。"阿雅妈附和道。

两位母亲在为孩子的性格发愁,但两个孩子全然不在意,好像母亲的担忧是多余的。其实,人的性格各不相同,但大体可分为内向和外向两种。故事中的阿雅属于内向性格,易害羞、胆怯、不善与人沟通;安琪则属于外向性格,爱玩爱闹、健谈、善与人打交道。

通常情况下,外向性格的孩子善于交际,所以更容易在未来的道路上得到朋友的相助、获得成功。而性格内向的孩子的父母就会很担心,害怕孩子输在人际关系上。其实,据相关专家研究,性格内向的孩子并不会输给外向的孩子,而且在很多领域,内向性格的人往往更易获得成功。所以,家长们不需要对孩子性格的问题过分地担忧。

每种性格都有一定的优势和弱点,那么家长到底需不需要想办法让孩子改变性格呢?

期末考试结束后,阿雅妈专门找到班主任,担心地说,"我家阿雅太内向了,既胆小又不爱说话,怎么样才能让她变得外向点呢?"

班主任听后微笑着回答她:"阿雅虽然比较内向,但非常聪明,特别擅长思考，是班上最有数学思维能力的女生，而且她的动手能力也不错，比很多性格外向的学生要优秀得多，日后肯定能在社会上取得成果。至于性格问题，会随着年龄的增长，她自己就会有所改善的，您不需要让她现在就刻意改变。"

听了班主任的话后阿雅妈才算放心了，原来性格内向的孩子也能在未来路上走得一帆风顺。

从故事中我们可以得知，性格虽然是天生的，尤其是内向性格，但随着时间的推移，孩子的经历多了，他的性格也会发生改变。有的孩子本来很内向，但她周围的朋友大多是比较外向的，或者她当了几次班干部等，这些因素都可能让他变得外向起来。而有的孩子本来很外向，但由于在生活中遇到挫折、或者生活的环境太安静，那么时间一长，他也有可能变得内向。

拿破仑小时候十分内向，当时没有人会想到把他和成功、伟人等词汇联系在一起，但长大后，他通过自己的努力克服了很多困难，变得十分坚强，不再对交流产生恐惧，性格发生了很大的改变。这种性格最终帮助他走出了一条属于自己的非凡人生路。

其实不管是哪种性格的孩子，都能够在未来获得成功，父母不需要太担心他的性格问题，而要锻炼孩子的思维能力和动手能力，这才是帮助孩子取得成功的关键。老师们发现，肯动脑子的孩子懂得审视自己，能够找到自己的优势，扬长避短。只要能通过自己的思考找到性格的平衡点，不管是内向性格还是外向性格，都能获得成功。

此外，父母不要总担心孩子性格不好，怕影响他未来的前程。要知道，有性格的孩子才有特点和特色，总有一个领域需要他这样的人才，总有一天，他会得到认可，获得成功。所以，父母不要总盯着孩子的一个方面，应

尽可能全面地看待孩子，既了解他的短处，更应看到他的长处。

管教妙招

◎如果你的孩子性格比较内向，请不要过分担心，因为随着时间的推移，他的性格会发生一定的改变。

◎无论是内向的孩子还是外向的孩子，都能够在将来取得成功，关键要看家长怎么样培养他们的思维能力和动手能力。

◎家长不要只看到孩子性格上的弱点，更要看到孩子其他的优点，相信自己的孩子能够成功，并经常鼓励他、帮助他。

告诉男孩，要像男子汉一样生活

如今，我们都说女孩应该富养、贵养，但有的家庭也会把男孩贵养。因此，有的男孩从小就生活在蜜罐里，哪怕是摔了一跤父母也会百般安慰，"有没有摔疼？"如此一来，本来很阳刚的男孩被娇惯得比女孩还要柔弱，动不动就哭哭啼啼的，很没有男子汉的气质。

不过，男孩的柔弱也不全是娇惯出来的，也会有其他因素的影响。比如，父母离异后，如果男孩和母亲一起生活，生活中缺少父亲的角色，那么他的男子汉气质就会相对较弱。

阿星今年上六年级了，但看起来他还像个三年级的小男孩，而且他一般不和班里的男生们搭伴，经常和女孩子们一起玩过家家、跳皮筋、踢毽子，妈妈看着很是发愁。其实这也不全是他个人的原因，父母的离异给他带来了很大的影响。

在阿星4岁的时候他的父母就离异了，他一直跟着妈妈生活。在生活中缺少父亲的角色和父爱，阿星便少了一点男子汉的阳刚，多了一点女孩子的柔弱。

"妈妈，今天晚上我可以和你一起睡吗？"这天晚上，妈妈刚忙完厨房的事准备睡觉的时候，本应该躺在自己房间的阿星却敲门走了进来，怀里抱着自己的枕头，可怜巴巴地望着妈妈。

"怎么不在自己房间睡呢？做噩梦了吗？还是不舒服？"妈妈关心地问。

"没有，房间里太黑了，我有点害怕。我们班的同学都说自己跟妈妈一起睡的，我也要和妈妈一起睡……"

"你们班很多同学都和妈妈一起睡吗，男同学还是女同学？"妈妈诧异道，在她的意识里，六年级的孩子应该自己睡才对。

"女同学啊，很多女同学都是。"阿星回答道。

阿星半闭着眼睛，一看就是困极了，可仍撑着站在房间里，眼睛里全是对妈妈的渴望，妈妈无可奈何地叹了口气，摊开被子把儿子拥了进去。

可这还不算完，当妈妈帮儿子盖好被子，准备关灯的时候，阿星突然从床上爬起来，拽着妈妈的手急急地说道："妈妈，不要关灯！"

"为什么？我们要睡觉了，开着灯多浪费，而且也睡不好。"妈妈微微笑道。

阿星却低下头，小声说道："关了灯才睡不着呢，太黑了，我害怕。"

"怎么会呢，妈妈在你身边啊。"妈妈摸摸他的小脑袋，这才记起来，

好孩子不是惩罚出来的
——优秀家长的教育方法

以前她早上去叫儿子起床的时候,儿子床头的灯总是亮着的,她还纳闷儿子早上开什么灯呢,原来是夜里一直开着灯。

"儿子,你是个男孩,而且已经上六年级了,要学会坚强,懂吗?"妈妈说。

"不,我害怕,妈妈别关灯。"阿星听了还是坚持让妈妈开着灯,妈妈无奈地答应了。

后来,妈妈才知道,阿星之所以这样,是因为生活中缺少了父亲的角色,而自己又没有注重对儿子男子汉的培养,才使他的性情像个女孩子一样。

"这该怎么办呢?难道要给他找个新爸爸吗?"妈妈很发愁。她和阿星的爸爸离婚后,爸爸就去了国外发展,虽然每隔一段时间爸爸都会打来电话和儿子聊天,但远水解不了近渴,长此以往,儿子会变成什么样,她可不敢想。

"你应该学得坚强一点,让阿星从你身上感受到父亲的形象。这样的话,在你的影响下,或许他会成长为真正的男子汉的。"朋友听了她的疑惑后,出了个主意。

妈妈这才明白,原来自己要扮演的不只是母亲的角色,还要扮演父亲的角色,首先自己先变得坚强起来,然后儿子才能更像一个男子汉。虽然她暂时不知道怎样做才能身兼双职,但她深信,只要自己言传身教,一定能把儿子培养成一个挑得起大梁的男子汉!

一个完整而和谐的家庭比一个残缺的家庭更利于孩子的成长,不过,故事中的阿星并没有这么幸运,在他四岁时他的父母就离异了,他一直跟着妈妈生活,和爸爸的见面机会并不多。因为成长中缺少父亲的角色,于是他的童年就有一些缺憾，其性格也比同龄男孩懦弱一些，怕黑就是表现之一。如果不及时改变这种情况，在日后阿星还会出现不合群、怕生人、不自信等情况，甚至对他将来的学业、事业、人际交往都会有不良的影响。

当然，不是只有离异家庭的孩子才会出现性格柔弱的现象，在生活中，有些家庭和睦的孩子也会出现这种情况，特别是在女性成员较多的家庭中。经常和女性一起生活，男孩大多显得有点儿"女性化"，没有其他男孩子"疯淘"的表现，这既让家长放心省心——孩子不惹事儿，给大人省了不少麻烦，但也令家长有点儿担心——太文静了就不是男孩子了。其实，作为男孩，还是多一点男子汉的气质比较好，平时淘气一点、爱搞破坏也不重要，关键是要有男孩子的风格，这样才对他的成长更有利。

想要让你的儿子像个男子汉，家长就要给他施展和培养男子汉气质的机会。一般来说，我们中国的家长都比较喜欢男孩，对其也比较宠爱，家里有什么活儿也不让他做，特别是一些能体现男性"威风"的事情，如保护小动物、干些体力活等，家长也大多从保护孩子的角度考虑而拒绝其参与，其实这并不利于孩子的成长。因此，在日常的生活中，家长可以给孩子创造些其能体会到自己能力的机会。

例如，当家长回到家中后，可以对孩子说"儿子，爸爸有点渴了，你去把冰箱里的西瓜切两块给我"。周末去超市时，妈妈可以给孩子说："儿子，走，给妈妈做一次搬运工吧。"或者给孩子安排一些家务，比如让孩子负责照料家里的小宠物、植物等，这些看起来不起眼的小事，在孩子心中却是体现自己"男人价值"的大事儿。所以说，其实培养男孩的男子汉气质并不难，只要不娇惯、不溺爱，注意锻炼他的动手能力和责任心就可以。

很多男孩以为男子汉气质就是蛮横不讲理、有脾气、有个性，其实这种理解是错误的。通常情况下，男孩子的脾气大都比女孩急躁些，遇到问题经

常会乱发火,这时,家长就要及时制止。首先要让孩子安静下来,在他火气过去后,给他讲道理,和他一起分析为什么发火,并告诉他"男子汉是以后家里的主心骨,是家里的顶梁柱,是要照顾一大家子的,所以遇到问题是不能胡乱发火,更不能随便迁怒于人的。"可以的话给孩子讲一些英雄豪杰、名人伟人的故事,告诉他要控制自己的不良情绪,像个男子汉一样理智、冷静地处理问题。

男子汉就要勇于承担责任和后果,但是在生活中,有的男孩在面对困难和错误时总是显得胆小、懦弱。比如,自己做错了事情后,因为害怕受到责罚,或者遭到旁人的嘲笑,便不敢承担自己的责任。这时,家长就应告诉儿子"男子汉,就是要敢做敢当"、"要勇于承担自己的责任",让他明白,做错事不可怕,可怕的是不敢承认,不承认就很难改正。只要孩子尝试自己承担后果后,他就会发现"其实自己的担当比父母和老师的责罚还重要",而且孩子还能体会到因勇于担当而受到赞扬的快乐,对培养他的责任感很有帮助。

管教妙招

◎父母想要培养孩子的男子汉气质,就要给孩子创造展示男子汉气质的机会。比如经常让孩子承担家务,帮助父母做一些力所能及的事情,分担一部分家庭责任,在日常生活中培养孩子的阳刚之气。

◎男子汉气质不等于蛮横、霸道、乱发脾气,而是坚强、勇敢,遇事冷静、理智。所以当孩子乱发脾气时,家长要教给他控制情绪的方法,让他像个男子汉一样处理问题。

◎鼓励孩子承担责任和后果,因为男子汉就要敢做敢当。

叛逆的孩子要这样管教

在生活中，我们会发现现在的孩子越来越叛逆，虽然还没有进入青春期，就已经开始和父母顶嘴、抬杠了。父母经常会抱怨，"怎么现在的孩子这么不听话！"其实，只要我们认真分析就会发现，孩子的叛逆并不是不听话，而是个性的表现。因此家长要正确认识孩子的性格，根据孩子的具体情况采用合理的教育方式，这样才能因材施教，帮助孩子不断进步。

英杰是个很叛逆的孩子，别看他连小学都没有毕业，就好像进入青春期了一样，父母让他往东，他偏偏往西，对于父母的教训，他通常都是左耳朵进、右耳朵出。因为是爷爷奶奶的心头肉、父母的独生子，所以父母从来都舍不得打他。

英杰有个毛病，就是写作业要趴在地板上，而且边看电视边写，要是父母们阻止，他干脆就不写了，父母拗不过儿子，只好索性由着他去。趴着写作业可以忍受，但他写完作业后不知道收拾很让妈妈头疼。

"儿子，把你的作业本收拾一下，扔的满屋子都是，踩到了怎么办。"妈妈不止一次这么提醒他，但是他从来都不照做。

这不，妈妈刚在客厅里走了两步，就差点踩到了他的英语作业本。

但英杰却满不在乎地回答道："不收，我一会儿还要复习功课呢。"

"用的时候再拿出来啊，现在放在这里，给你踩脏了你又要叫喊了。"妈妈见儿子不动，只好叹着气弯下腰自己帮他捡起来放在桌上。

可半个小时还没过，妈妈再回到客厅时，发现地板上又摆满了各种各样

好孩子不是惩罚出来的
——优秀家长的教育方法

的课本和作业本。

"怎么又摆了一地,赶快收拾好!"妈妈有点生气了,儿子丝毫不把她的话听进耳朵里。

"不要,就放在那。"英杰头也不抬地继续看着电视。

"再不收拾,我就给你扔了!"看着儿子一副满不在乎的样子,妈妈心里的怒火烧得更厉害了。

"随你便,反正旧的不去新的不来。"

"你这个样子,我才不会给你买新的。"

"为什么?算了,你不买,爸爸会给我买的。"

"你这么不爱惜东西,爸爸才不会给你买呢。"

"不买算了,大不了不写作业了,反正我就是不收拾,哼!"

"再不收拾妈妈打你了!"

"就不去!"

妈妈见儿子软硬不吃,直接举起手来,啪啪地打在儿子的屁股上,儿子这才抹着泪把东西收拾干净了。一边收拾还一边说:"讨厌的妈妈,我再也不理你了!"

妈妈本以为有了这次教训后儿子就会乖乖把自己的东西收好,谁知事实并非如此,他不但没有改掉自己的坏毛病,而且还变本加厉了,更加我行我素,为此妈妈很无奈。

故事中的英杰并不是特例,很多孩子都会把父母的话当作耳旁风。其实他们并不是有意要和父母作对,只是脾气上来了,自己控制不了,或者就是性格使然,短时间内很难改正,甚至他们根本没有意识到这是一种错误。但很多家长并不了解这一情况,总觉得孩子是在故意和自己过不去,一点都不听话。其实，几乎每个人都有过心理叛逆期，只是表现的时间、程度不同罢了。如今的孩子出现"难管教"、"说东偏西"的情况，是很正常的，只要家长采取正确的、合理的应对方法，总能够帮助孩子改掉这个毛病。

在帮助孩子改掉不听话的毛病之前，家长需要了解一个事实：孩子的叛逆并不都是坏事，而且还有一定的好处。儿童心理学家曾做过专门的研究，发现孩子叛逆的本质是反抗，即对父母等外来的压力、管束的一种反抗，有这种意识的孩子在成年后大都有"独立性强、有主见、能独当一面"的优点，他们对别人的说法、行为不会盲从，而更倾向于通过自己的思考作出判断。所以，当孩子出现叛逆行为时，家长不要一味地训斥，而应该正确地引导，慢慢地调节孩子的脾性。在欧美等国家，家长们都很重视孩子的叛逆期，当孩子的观点和做法与他们的要求不一样时，即使是不完善的，他们也都很高兴，把这视为孩子逐渐长大的一个标志。在这一点上，我们中国的家长就做得不够潇洒了。

通常情况下，我们中国的家长不太满意孩子否定自己的观点或者说法，更不希望孩子和自己作对，而这种情况在很多东方国家中都比较普遍，这与我们东方的传统文化有关。在我们的文化里，长辈是很有权威的，对孩子的要求往往是听话，不能反驳家长。即使在现在，不少开明的家长也会对自己的权威比较看重，担心一旦自己在孩子心中没有了"威慑力"，以后孩子便更不听话、更难管了。

其实家长的这种想法时多余的。在生活中，家长应该尝试着给孩子一些说"不"的机会，给他一小片自己的天地，让他自己做主。在这里，家长的话只是他的参考，他可以同意，也可以否决。当孩子有了一部分自主后，他们对家长的逆反心理就会降低很多，也会以更为客观的角度看待父母的管教，理解父母的苦心，不但有利于其情商的培养，也能够让其更加真切地认

识社会。

家长应该给孩子一定的自由，但不能对其放任自流，让他们为所欲为。当孩子任性、撒泼时，家长还是要坚决制止的，否则会对孩子的性格成长造成不良的影响。孩子正在成长的过程中，其人生观、世界观都在慢慢形成，对事物的判断力呈现缓慢提高的趋势，但他们还不能很好地控制自己的不良情绪，所以家长必须做他们的灯塔，为他们指引正确的方向。

通常情况下，家长喜欢用自己的权威去镇压孩子的叛逆，一旦孩子出现叛逆的苗头，家长就会果断地告诉孩子，"你不可以这样做！"甚至动手打孩子，本来是为了避免其叛逆性更强，却没想到，越压制孩子的反弹性越大，最后导致家里经常出现争执、打骂，更不利于孩子的健康成长。为了避免这种亲子冲突的出现，家长可以考虑改变一下自己的家教方式，将孩子视为家庭中的一员，平等地对待孩子。比如在商量家务事的时候，家长也听听孩子的意见，以实际行动让孩子体会到父母对他的尊重，这样不但能让孩子更有成就感，还可以提高家长的权威，增进亲子关系。

管教妙招

◎家长要允许孩子说"不"，当孩子否定家长的意见时，证明他已经有了一定的自我思考的能力，即使他的观点并不正确，家长也要给他们一定的自由空间让他们自由发挥，这样才更有利于孩子的成长。

◎给孩子一定的自由，但不能放任孩子的任性。当孩子无理取闹时，家长要及时制止，不能任其发展，否则会对孩子的性格成长有不好的影响。

◎不要用家长的权威来镇压孩子的叛逆，应该平等地看待孩子，让孩子感受自己的存在和价值，不但能够增强孩子的成就感，也可以增进亲子关系。

孩子撒泼，家长需要刚柔并济

有的孩子乖巧懂事，从小就懂得体谅父母，但有的孩子就不同了，说一是一、说二是二，谁都不能反驳他，恨不得所有人都听他的号令才好。面对着这种爱撒泼性格的孩子，家长们不是打就是骂，但打骂的效果又不好，所以只好摇摇头，随便他折腾。家长们都知道，泼辣的孩子是很难对付的，如果方式不当，只会让情况越来越糟。

每到周末，诗诗家都要进行一次大扫除，因为爸爸妈妈平时工作很忙，根本顾不上做家务，只有等周末才能给家里洗洗尘。

爸爸妈妈把房间里的桌椅板凳都挪出来，以方便把每个角落都收拾得干干净净的。诗诗觉得自己也可以帮忙，便手忙脚乱地跟着一起收拾。

"诗诗，别乱动，小心东西砸到你。"妈妈看她想挪动几个重叠得很高的木椅子便赶紧提醒她，以防她被掉下来的木椅子砸到。

诗诗嘿嘿一笑，说道："妈妈，我都12岁了，才不会那么笨被砸呢。"说完，就一溜小跑，去折腾其他的东西了。

"嗨，我说怎么总找不到这几块木板，原来藏在床底下啊。"爸爸浑身是灰，从卧室里兴奋地走了出来，手里还抱着几块厚实的木板。

"当初拿回来是要做几个板凳儿的，一直顾不上，后来放哪儿都不记得了，幸好还能用。"

"做板凳儿？"诗诗见过家具城卖的一套精致的木头板凳，她早就想要

好孩子不是惩罚出来的
——优秀家长的教育方法

一个了,看到这些木板便来了兴致,跑到爸爸身边,缠着他说道:"爸爸,你现在能帮我做个板凳儿吗?"

"现在正在打扫房间,爸爸没时间,等打扫完了再说。"爸爸和蔼可亲地对她说道。

但诗诗却不接受这样的理由,她向来喜欢说风就是雨,既然说了让爸爸做板凳,怎么能不做呢!所以不管爸爸是不是要打扫房间,她马上撒起泼来,又是缠人又是闹,就是不让爸爸好好干活。

爸爸拗不过他,只好放下手里的活,匆匆地为她做一个小木板凳。她一看,不但没有表示谢意,还大喊大叫地说:"不,我不要这个,这个不好看!"

"那你要什么样子的?"爸爸无奈地问。

"就是上回咱们在家具城看到的那种,有花纹的那种。"诗诗饶有兴趣地说。

"可是,那种太复杂了,爸爸不会做啊。"爸爸想了想,不好意思地说。

"不行,不行,我就要,我就要!"诗诗说着还坐在地上,不停地踢着腿、摔着胳膊,撒起泼来。

妈妈见状,生气地说:"真是不听话,这么一大堆活儿等着爸爸做呢,你就不能安静点?"

"不能!"诗诗坐在地上生气地回答道:"爸爸不给我做好板凳,我就不让他干活。"说着还哭起来。

妈妈气急了,训斥她说:"你已经12岁了,还以为自己是小女孩啊,再这么无理取闹,小心我揍你!"

"不管不管,我就要那种小板凳!"诗诗根本不把妈妈的恐吓放在心上，还是缠着爸爸做板凳。

妈妈无奈地叹了一口气，说："真是个爱撒泼的孩子，一点都不体谅父母。"

爸爸惹不起她，只好重新给她做板凳，还要尽量做得好一点，免得她又开始撒泼。

女孩一旦撒泼会很难缠，即使不在理也能把家里整得鸡飞狗跳，故事中的诗诗便是个典型的例子，难怪她的爸爸妈妈头痛不已。这样的孩子管教起来难度可不是一般的大！不但是诗诗，其他家庭中也有类似的孩子，他们的共同点就是：胆大不怕事，脾气又大，和人相处中遇到问题时喜欢争强好胜，小小年纪就有一副"与天斗与人斗其乐无穷"的彪悍样子。这种性格可不是什么好性格，在家里有家人忍让，但是在学校、社会就不会有人迁就了，所以终究是要吃苦的。

孩子之所以经常无理取闹，性格因素只是一方面，更重要的是因为家庭教育方式不当。有的家庭中，父母双方或者其中一方的性格和作风比较强势，无论是在家里还是在社会上，都希望占据优势，在这种情况下，孩子往往也会有意模仿家长的这些"英雄风格"，结果导致自己成为"小霸王"。还有的家庭中，父母间经常争执，总为一件小事吵得不可开交，在他们的影响下，孩子也喜欢和人争执，一逞口舌之能。

此外，如果家长比较宠溺孩子，要什么给什么，说什么听什么，孩子往往容易出现这种骄横、无理取闹的作风。我们都知道，撒泼、无理的人在社会上是不受欢迎的，因此家长要帮助孩子改掉这一不良的性格。

家长首先要做的就是给孩子立规矩。教孩子懂规矩，守纪律，待人以和为贵，不能凭借自己的身体、年龄等优势欺负别人，并让孩子明白这种行为

好孩子不是惩罚出来的
——优秀家长的教育方法

是错误的，真正有本事的人是不用仗势欺人的。在讲这些道理时，家长可以结合一些具体的事例，分析孩子以往的做法是否正确，原因是什么，让孩子不仅知其然还要知其所以然。当然，如果家长害怕伤害孩子的自尊心，那就举其他孩子的撒泼的例子，不但能保留他的面子，还能起到教育的作用。

除了立规矩外，家长还要制止孩子的无理搅三分的坏习惯。当孩子形成撒泼的习惯后，在遇到自己不占理的情况下，往往会强词夺理，甚至大哭大闹，就是要达到自己的目的才肯罢休。这时，家长就要及时制止孩子，哪怕是用大声呵斥、适当的体罚等强硬的手段也要中止他的无理取闹。因为如果不及时制止、任其撒泼，孩子就会觉得自己很在理，并没有做错什么，长此以往，就会对孩子的性格有很大的不良影响。

孩子平静下来后，家长还要和他心平气和地讲道理，让他知道自己错在哪里，并让他明白这样的人生道理：在社会上，无理取闹、为所欲为的人是要处处碰壁的，不会赢得周围人的认可和尊敬。孩子明白这个道理后会适当地克制自己，当他控制不了自己的情绪时，家长要想办法让孩子冷静下来，这样几次过后他的撒泼习惯就会有所改善。

管教妙招

◎想要改掉孩子的撒泼的坏习惯，家长首先要做的就是给孩子立规矩，让孩子明白他不能唯我独尊，要懂规矩、守纪律，这样才能合群。

◎教育孩子时最好结合具体的事例，而且尽量是其他孩子的撒泼例子，这样不但能够保留孩子的面子，也可以起到很好的教育作用。

◎当孩子无理取闹时，家长不能听之任之，要及时制止，让孩子认识到这是错误的行为，会不利于他的健康成长。

家有乖孩子，父母的教养要更上心

很多家长都希望有一个乖孩子，但当大家真的有一个听话懂事的乖孩子时，却依然觉得很苦恼。我们都知道，乖孩子的概念就是听话、不调皮、不捣乱，父母让做什么他就做什么，基本上不和父母顶嘴、抬杠。本来父母们应该为有一个这样的孩子而高兴的，但是父母发现，所谓的乖孩子为了满足父母的要求，总是放弃自己的观点和选择，一切遵照父母的说法去做，最后导致自己缺少个性、没有主见。面对这样的结果，父母们不免感慨，"孩子不听话也是一件好事。"

胧月已经上初中了，文静、乖巧，学习成绩也非常不错，而且不管是谁交给她做的事情，她都能认真地完成，老师和长辈们都很喜欢她。但是，她有一个缺点，就是太温顺、太听话了，不免让人觉得可怜。

一次上美术课，老师让大家用橡皮泥做出自己最喜欢的东西。胧月想起自己最喜欢大海和船只了，就取来一个画板，把画板当成大海，抹上淡淡的蓝色，然后就开始做起船只来。

"胧月，你捏的是什么啊，真难看！"同桌拿着一朵自己刚捏好的花瓣得意洋洋的炫耀道："看我捏的花多漂亮，你还是改捏花吧。"

"这是大海，这是小船……"胧月指着画板上一坨一坨的褐色橡皮泥说道。

"什么小船啊，一点都不像。赶紧捏别的东西吧，要不然老师都要笑话你了。"同桌嘲笑道。

好孩子不是惩罚出来的
——优秀家长的教育方法

"……那,我也捏花?"胧月开始不安了,看着自己面前的"作品",好像确实不怎么样。

"好啊,正好咱们比比,看谁做得最好看。"同桌高兴地拍起手来,和胧月一起捏花朵。

坐在胧月前面的同学听到了她们的对话,扭过头来对胧月说道:"哎,她说让你捏花你就捏花啊,你怎么一点主见都没有?简直笨死了!"

"我……"胧月紧紧握着手里的橡皮泥,不知道到底该捏什么了。最后还是和同桌一起捏花了,而且一堂课过得很不开心。

这件事让胧月有些郁闷,好不容易熬到了放学,她赶紧背起书包小跑着回到了家。

妈妈正在厨房里做着香喷喷的饭菜,见胧月进了门,就冲着她说道:"赶紧去洗手、换衣服,先做会儿作业,等爸爸回来我们就吃饭。"

"好,我知道了,妈妈。"胧月高兴地放下书包,跑进了洗手间。还是回到家里比较自在啊,她这样想着,妈妈在厨房里又发话了。

"一会儿换上那身粉红色的衣服,我放你床上了。"

"嗯,谢谢妈妈。"果然家里才是最舒服的地方,妈妈把什么都做好了,只要按照她说的去做就行了,正高兴着,邻居王阿姨来家里借东西来了。

"胧月真是个乖孩子,我女儿要是有她一半乖巧我就乐得合不拢嘴了。"王阿姨客气道。

"听话是听话,就是一点主意也没有,成天让我们替她操心,穿什么衣服不知道,用什么东西不知道,哎,这孩子啊,就是太听话了。"胧月妈十分困扰地回答道。

王阿姨一听,连忙说:"和我妹妹家的孩子一样,一点自信也没有,完全不会自己拿主意。"

"就是啊，真是愁死我了。"

这话在胧月听来十分刺耳，因为平时她听到的都是，"胧月真听话"、"胧月真懂事"、"胧月最会心疼父母了"，可是今天，她一连两次听到别人说她"没有主见"，而且一次还是妈妈说的。

她很困惑，"妈妈不是一直让我做个乖孩子吗，我现在很乖，为什么她又嫌我没有主见呢？"胧月的心情更加郁闷了，她闷闷不乐地回到自己的房间去写作业，可是怎么也静不下心来，满脑子都在想着自己"没有主见"。

家长们整天忙于工作，如果回到家还要受到调皮捣蛋的孩子的折磨，确实是一件很痛苦的事情，所以家长们常说"养孩子真是一件费心劳力的活儿"。也因为如此，家长们才希望能有一个听话、懂事的乖孩子，这样就能省不少心。此外，家长都希望自己的孩子能健康地成长，学习成才，所以，会下意识地给孩子计划好他以后要走的人生道路，并希望孩子能理解自己的一番苦心，按照家长的安排去生活。但是，如果孩子像故事中的胧月一样听话，样样照做，那家长又要开始担心了。

家长在教育孩子时一定要注意，孩子不是机器，不可能永远按照既定的模式成长，即使他们再听话，他们也是独立的个体，也会有自己的思维和观点，如果他们的思维和想法被家长长期压抑着，就会对生活失去热情、对学习失去兴趣，最终可能成为一个没有主见、人云亦云的庸才，而家长望子成龙的愿望也就只能落空了。因此，家长要明确一个观点，教育孩子不是为了让孩子听话，而是让孩子健康成长。

想要让孩子健康、快乐地成长，家长首先要重视孩子的情感变化。家长们都有这样的感受：我家的孩子很乖很听话，他的学习、生活基本不用

操心。有的家长还会以此向朋友炫耀，引来一片羡慕声。其实，再乖的孩子也有自己的内心世界，虽然他们在日常生活、学习上都能遵从父母、老师的教导，并不等于他们没有自己的想法。当家长忽略了他们或者否定他们的乖巧时，他们的心情会十分低落，就像故事中的胧月。她一切都按照父母的教导去做，并认为这是对父母关心的回报，但听到妈妈的抱怨后，她的内心就很沉重了，而这些家长都未必能关注到。所以，父母要重视孩子的情感变化，多了解孩子内心的真实想法，不要盲目地让孩子按照父母的要求去做。

除此之外，家长还要让孩子提出自己的观点。乖巧的孩子有一个优点，就是做事认真，对家长分配的任务大多能认真地去完成，这是难能可贵的。但是，有的乖孩子缺少主见，经常人云亦云，不能坚持自己的观点，所以家长应该鼓励孩子在认真做事的基础上，提出自己的想法和看法，这样更有利于培养孩子的判断力和决断力。

乖孩子大多不敢大胆地尝试新鲜事物，所以当他们提出了自己的观点或者做事的方法时，如果合理，家长应及时给予表扬和鼓励。在鼓起孩子的自信心和勇气后，家长可趁机要求孩子按照他自己的想法去大胆尝试，不要顾虑失败，让孩子体会一次自己做主的快乐。有了这样的经历之后，乖孩子们就能意识到，光做个听话的孩子还不够，还要做一个自主的、独立的、有判断力和创新精神的优秀孩子。

管教妙招

◎家长要重视孩子的情感变化，认真了解孩子内心的真实想法，不要盲目地让孩子按照父母的要求去做，要让孩子感受到父母的爱。

◎尽量让孩子提出自己的观点，这样有利于培养孩子的判断力和决断力。

◎鼓励孩子大胆地做一些尝试，让孩子体验几次自己做主的快乐。

多管齐下让"慢性子"的孩子快起来

当我们遇到急事要处理的时候，最受不了的就是帮忙的人是一个慢性子，你急得团团转，他却慢条斯理地好像在绣花一样，似乎这个世界和他没有什么太大的关系，他只顾着在自己的世界里享受乐趣。父母们也很受不了慢性子的孩子，经常被孩子的磨蹭气得火冒三丈。其实，孩子做事磨蹭并不是故意的，只是他还没有找到做事的技巧，或者缺少时间紧迫感。对于慢性子的孩子，家长需要耐心地教导，慢慢地帮助他改掉这个坏毛病。

大山的磨蹭是众所周知的，别人1分钟能做完的事儿，他一般需要5分钟才能完成。一次，妈妈让他帮忙洗碗，然后收拾一下厨房。10分钟过去了，20分钟过去了，妈妈觉得很奇怪，怎么洗个碗用了这么长时间，于是便来到厨房看看情况。妈妈一看，大山刚把碗洗完，厨房里被他搞得一片狼藉。

"我的儿子，就这么点事儿，看你搞得……简直是一塌糊涂。哎，算了，还是我自己来吧。"妈妈摇着头，对儿子真是越来越不抱希望了。

"怎么就像个乌龟一样，比乌龟还慢。"妈妈小声嘟囔了一句，大山还立在旁边，听到妈妈的话后，缩了缩脖子，没说话。还真挺像只乌龟的。

好孩子不是惩罚出来的
——优秀家长的教育方法

星期天下午,学校有一场足球比赛,大山是足球部的成员,所以也邀请了妈妈一块去看比赛,妈妈很高兴儿子还有一个特长,打扮了一下,就跟儿子一块去了学校。

不过可惜的是,儿子只是替补队员,始终没有出场的机会,反倒是围着操场不停地转,替队员们捡回跑出界的球。有一次,他不但没有碰到球,反倒是被球绊倒在地上,引得观众们一阵哄笑。

有个队员看不过,追了过来,对着他道:"哎,哥们儿,你的动作能快一点吗,等你捡完球,恐怕比赛都要结束了。"

妈妈在球场外看着,心里更急,对着旁边一位母亲抱怨道:"这孩子,怎么到了赛场上还是个慢性子呢?"

"只是反应比较慢而已,其实你儿子也挺卖力的。"旁边的母亲安慰她道。

她摇摇头,开始诉苦说:"你不知道,这孩子快愁死我了,明明两分钟就可以完成的事情,他偏偏能磨蹭半天,急死人了。"

在故事中的妈妈看来,大山做事就像乌龟一样慢吞吞的,让人很着急。其实在日常生活中,让妈妈们操心的慢性子孩子还有很多,面对这些"慢孩子",父母们大多都会埋怨他们磨蹭,却没有认真想过这其中的原因到底是什么。其实,故事中的大山不仅仅是慢性子,他还有比较严重的拖拉、拖延的毛病,只不过是后者被前者遮挡了,不容易发现而已。当这两者结合后,它们会对孩子的学习、生活产生严重的不良影响,导致学习效率低下、成绩不理想,生活中也常常受到父母的批评。长期这样下去,孩子就会产生消极情绪,认为自己天生就是这么慢,而且还会有"我干什么都不如别人,就这么凑合着吧"的想法,这样很不利于孩子的成长。

对于慢性子的孩子，家长需要做的不仅仅是让他加快做事速度，还要尽量彻底改变他做事拖拉的坏习惯。这对他以后的学习、生活都有很大的帮助。

"其实，这也不完全是孩子的错。"旁边的母亲笑着说："有时候，孩子时间观念薄弱，他们没想过快慢，只是随自己喜欢在做事情。所以，父母完全可以给孩子一些约束，比如，让孩子在规定时间内做完某件事情。或者是想办法提高他的做事效率。这样一来，他的慢性子就能有所改善了。"

"真的可以吗？"大山妈认真地问道。

旁边的母亲点点头，说："另外，有的时候孩子不是故意磨蹭，而是不知道该怎么做，面对一件没有做过的事情，他们就像无头苍蝇一样，根本找不着北，无从下手。所以说，当父母想让孩子做某件事时，最好把规则和技巧告诉孩子，这样就能在一定程度上提高孩子的办事效率，让孩子的动作快起来。"

"嗯，你说得很有道理，看来我要试一试了。"大山妈点点头，突然像想到了什么，抬头问她："对了，我听说批评会让孩子越来越慢……是不是这样？"

"对对，孩子都是比较敏感的，千万不要批评或者取笑孩子，这样会伤害孩子的自尊心，不但不能帮助孩子改掉坏毛病，还有可能让孩子越来越糟糕。"

"噢，原来如此啊！"大山妈若有所思，看来，大山经常磨蹭和自己的教育也是有很大关系的。

想要让孩子提高做事效率，父母就要适当地传授给孩子一些做事的方

好孩子不是惩罚出来的
——优秀家长的教育方法

法、诀窍，这样他们才不至于做什么都一头雾水，像无头苍蝇似的乱撞。孩子掌握了一定的方法和技巧后，就能亲身体会到提高效率带来的成就感，他的自信会大大增强、生活热情也会大大提高，这对孩子的健康成立很有利。

孩子做事慢，是因为父母没有帮助他养成做事不拖拉的好习惯。现在的家长往往重视孩子的生活条件是否优越，对孩子的生活习惯却有所疏忽，常认为现在孩子还小，严格的、规律的生活会让孩子感到枯燥，压抑其天性，其实这种认识是不全面的。良好的生活习惯应该从小就开始培养，这不但影响着孩子的身体健康，还对他做事、学习有着不可小觑的影响。正如在军队中，新兵的第一堂课就是训练队列和内勤一样，无论从前的习惯是什么，能不能接受，到了部队里都要从点点滴滴中学起，逐渐改掉从前的坏毛病，养成良好的生活习惯。

对于慢性子的孩子，有的家长喜欢采取批评和责骂的教育方式，其实这是不可取的。处在小学、中学阶段的孩子，他们正在学习如何做人、如何处世、如何学习知识的阶段，可以说，他们所面对的一切都是需要学习的。在这个广义的"不断学习、不断尝试"的范围下，孩子出现一些问题是很正常的，家长需要以发展的眼光看待孩子的成长，用平常心看待孩子的错误和不足，在温和地劝导的同时，再适当地对其进行训诫，不宜过多地批评，否则会对他的心理健康造成不良影响。

管教妙招

◎在让孩子做事之前，父母可以先传授给孩子一些方法、诀窍，这样能够有效地提高孩子的做事效率。

◎在平时的生活中，父母应该注意培养孩子良好的生活习惯，从点滴中帮助孩子改掉爱拖拉的坏毛病，提高办事效率。

◎面对慢性子的孩子，家长不宜过多批评，要以温和的劝导为主、严厉的训诫为辅，否则会伤害孩子的心灵。

◎提高孩子的时间观念，让孩子产生时间紧迫感，懂得珍惜时间后，孩子做事就会提高速度了。

外向的孩子好教养

外向的孩子很惹人爱，因为他们聪明、机灵，他们走到哪里，哪里的气氛就会活跃起来，很多家长都希望自己的孩子能够外向一点、活泼一点。但是，外向的孩子也有一些性格上的缺点，比如不稳重、易冲动，做事马虎，等等。家长不但要想办法提高孩子的学习成绩，也要帮助孩子完善性格，让孩子的人生之路走得更加顺畅。

外向的孩子表面看来大都大大咧咧的、不爱记仇，其实事实并非如此，而且他们的情感也很丰富。所以，家长在和外向孩子交流时，要重视他们的感情，不要以为他们只是孩子就忽略他们的感受。

冬冬是个活泼的孩子，不管在哪儿，他的嘴就没有闲着过，一直说个不停，也不管对方想不想听，爱不爱听。有时在公交车上冬冬也要和陌生的乘客聊上几句，害的好几位乘客差点坐过站。

冬冬在家里就更是个"话痨"了，爸爸妈妈经常受不了他。

好孩子不是惩罚出来的
——优秀家长的教育方法

"妈妈,你听我说,今天我和我们班的刚子一块打球……"冬冬滚了一身的泥巴回到家,一进门就跑进厨房,但妈妈正忙着做饭,摆摆手赶忙对他说:"看你脏的,赶紧去洗一洗,然后找爸爸聊去。"

"好吧。"冬冬进了洗手间,把手脸洗得干干净净后,跑到客厅去找爸爸,高兴地说:"爸爸,刚子真是笨死了,我让他传球,他竟然把篮球扔出场外了……"

"哎呀你看你,怎么连衣服都没换就爬到沙发上了,看,把沙发都弄脏了,快去换衣服。"爸爸看着沾上泥巴的沙发皱起了眉。

冬冬"啊"了一声,然后就耷拉着脑袋去找干净衣服了。换好衣服从房间出来时,妈妈已经做好了饭菜,爸爸冲他喊道:"儿子,快过来吃饭,刚才你说什么来着?快给爸爸妈妈讲讲。"

"就是,我儿子是不是又出风头了?"妈妈也笑着把他叫到了饭桌旁边。

而此时,冬冬却没有了刚才的热情,仔细想了想,不知道该和爸爸妈妈说什么了,好像讲什么都挺无聊的,干脆耸耸肩说道:"我不记得了。"

事情过去没多久,叔叔来家里做客,冬冬见到叔叔后,高兴地把叔叔拉到沙发上坐着,热情地对他说道:"叔叔,我告诉你哦,前两天我和刚子打球,他竟然把球传到场外了,哈哈,丢死人了。而且……"

"儿子,你不是说不记得了吗?"爸爸问道。

"我只是不想告诉你们而已,你和妈妈都不理我,哼!"冬冬冲着爸爸吐了吐舌头。

爸爸连忙辩解:"我只是觉得你的衣服太脏了而已,而且……"

"你们就是不理我,刚才还打断我,真讨厌!"说着又扭过头去对叔叔说:"叔叔,你不会不理我吧?"

"当然不会，叔叔一定认真听着。"

"太好了。"冬冬在叔叔身边一边说一边比划，手舞足蹈的，十分高兴。叔叔也被他逗得哈哈大笑。

爸爸在一旁看着，叹了口气说，"这孩子，原来还会记仇啊。看来以后可不能随便不理他啊，连打断他都得考虑考虑。"

活泼外向的孩子看起来好像没有烦恼、不会生气，即使在生活中遇到了难事儿也不会一直郁郁寡欢，总是把笑容挂在脸上，而且做事也比较积极，在以后也更容易成才。但是，他们也是有缺点的，比如不爱思考、喜欢在人前表现自己，而且话很多，一不注意就会成为"话痨"，不免引起周围人的反感。外向的孩子经常表现得没心没肺、大大咧咧的，做事不认真、不细致，经常马马虎虎，对待学习是如此，对待生活也如是。而且他们容易冲动，经常做出草率的行为。如果家长教育不当，不但不会改掉他们性格上的弱点，还会打击他们的积极性。

故事中的父母知道自己的孩子是个小"话痨"，因此并没有重视倾听的作用，导致孩子失去诉说的愿望，也影响了亲子关系。

面对外向的孩子，家长要把握好自己的教育方式，不能过分批评，也不可以一味地纵容，既要让孩子保持乐观向上的心态，又要让孩子懂得分寸、守规矩。总的来说就是要因势利导，适时对孩子的行为加以点拨。

家长要肯定孩子在人际交往方面的优势。外向的孩子大多比较活泼爱动，善于交往，无论到哪里都能找到自己的朋友，和周围的人打成一片。但是孩子的这种交际方式也是有问题的，比如忽略了自身的安全问题，没有明确的交友范围，等等。特别是安全问题，家长一定要让孩子明白，不能对每一个陌生人都十分热情，否则真的可能有危险。除此之外，家长要注意孩子

其他的问题，如爱出风头、过于表现自己，不考虑别人的感受，总喜欢夸夸其谈等，家长要在表扬孩子善交际的基础上，一一指出他的缺点，并想办法帮助他解决，让孩子成为更受欢迎的人。

性格外向的孩子虽然往往思维敏捷、头脑灵活，但是做事不踏实、没有耐心。所以家长要在日常的生活中注意培养孩子的忍耐力和理性思维。比如给孩子分配些小工作，鼓励他认真做好，像负责自己房间的卫生，让他坚持写完作业再玩游戏等，这些看似都是小问题，但能够帮助孩子形成良好的生活习惯，顺便改掉性格上的弱点。

外向的孩子容易发脾气，经常为一点小事就和家人、朋友吵闹，但马上又能意识到自己的错误，而且会主动承认错误。为了减少孩子的愧疚感，父母可以帮助孩子控制自己的情绪，让他遇事冷静一点，这样也能够让孩子人缘更好。

管教妙招

◎对待外向的孩子，家长要肯定孩子在交际方面的优点，但也要让孩子明白自己的缺点，并想办法帮助孩子解决。

◎在生活中注意培养孩子的忍耐力和理性思维，给孩子分配一些小工作，从点滴中帮助孩子改掉性格上的弱点。

◎让孩子学会克制自己的火爆脾气，尽量做到平易近人，这样才会有更好的人缘。

第四章
亲子沟通越融洽，孩子越好管教

家长们总有这样的困惑，"为什么我的孩子不愿意亲近我？""为什么他不听我的话？"其实这都是亲子之间缺少沟通造成的。我们发现，家庭越和睦，亲子沟通越多，孩子便越听话，而且也很优秀。父母想要管教孩子，首先要让孩子愿意听管教，而"收买"孩子最好的办法就是放下家长的架子，走进孩子的内心，和孩子进行平等、友好地沟通。亲子感情好了，孩子就好管教了。

好父母常听孩子的心里话

在激烈的竞争下,很多家长不得不全身心投入到工作中,经常顾不上和孩子交流。这些父母知道自己的做法不对,等到想起来要和孩子亲近时,孩子却是一副爱答不理的样子,为此他们也很纠结。

还有的父母因为工作忙碌而不在意和孩子的交流,面对孩子的提问,他们不是训斥就是表现出一副不耐烦的样子,这些父母没有意识到,这样的行为会给孩子带来很大的伤害。因为被拒绝的次数多了,孩子就开始疏远父母,心里话自然也不愿意同父母分享,性格越来越孤僻。有的家长还会觉得是孩子不可理喻,其实,孩子都是无罪的,如果父母能够抽出一点时间来陪陪孩子,多和孩子沟通一下,孩子就不会变成这个样子了。

文佳是个"小神童",脑子里全是学问,很多连大人都不知道的生活常识她却都懂。而且她从来都没有在考试上失过手,成绩总是名列前茅。

很多家长都十分羡慕文佳的爸爸妈妈,经常问他们:"你们是怎么教育孩子的,为什么文佳这么优秀啊?"

文佳妈笑着回答道:"我们的工作都很忙,根本没有时间教育她,她是在书堆里长大的,可能是书读得多了,知道的知识自然也就多了,所以成绩才那么好。"

"原来这么简单啊!"很多人不太相信她说的话,可仔细想想也挺有道理的,因为很多名人都是在书堆里长大的,于是他们都想在自己孩子身上试

好孩子不是惩罚出来的
——优秀家长的教育方法

一试。

被大家称赞为会教育孩子的父母，文佳的爸爸妈妈很得意，不过，他们也有十分苦恼的事情，而这件事情依然和教育孩子有关。

"女儿，你最近都看了什么书，能告诉妈妈吗？"有一天，妈妈下班回家想和文佳谈谈心，聊聊天，正好看见文佳正在看书，便问了一句。

令她失望的是，文佳连头都没有抬，只是漠然地回答道："我新买的书，刚开始看。"

"哦。"妈妈觉得有点尴尬，便给自己倒了一杯水，假装慢慢喝着。

女儿虽然很聪明，但很不愿意和父母沟通。从文佳8岁开始，爸爸妈妈就再也没听到过她的心里话了。虽然在外面受很多父母的羡慕，但文佳的妈妈知道，自己的教育工作其实十分失败。

"女儿，今天学校有什么有趣的事情吗？"妈妈重新打起精神，和蔼可亲地看着正在看书的文佳。

文佳扬起头，想了想，"没什么，就是听课，做笔记，没什么特别的事情。"文佳还是没有要和妈妈聊天的欲望。

妈妈不想听到这样的答案，于是接着问道："比如，有没有什么活动啊，老师说了几句有趣的话啊，或者你有了什么新的想法等，都可以和妈妈说说啊！"

"妈妈，你今天是怎么啦？有点怪怪的。"文佳终于发现了妈妈有些不对劲了，疑惑地看了她几眼，然后拿起书本，继续埋头看。

被女儿冷冷地看了几眼后，妈妈也觉得自己有点怪怪的，心里很不是滋味。

故事中的妈妈平时工作很忙，没有时间和孩子沟通，于是便把孩子

"丢"进了书堆。虽然书籍让孩子增长了不少知识，却也让她慢慢和父母疏远了，虽然父母很希望能够和她谈谈心，但无论父母说什么，她都很冷漠，根本没有要和父母谈心的欲望。由此可知，父母长期不和孩子沟通，会对孩子的成长非常不利，导致孩子出现消极情绪、孤僻性格，而且还有可能影响到孩子的人生观、价值观。

面对冷漠的孩子，很多家长都发愁，"我该怎么拯救我的孩子呢，现在会不会太晚了。"正所谓"亡羊补牢，为时不晚"，只要家长意识到了这个错误，及时采取行动，多和孩子沟通，总会帮助孩子改变孤独的性格。

作为父母，无论工作时间多紧，都要想办法给孩子留一点时间。其实，父母所做的一切大多是为了孩子，但是如果一直为工作忙碌而忽略了对孩子的教育，那么所得到的一切优越的物质条件就会显得没有太大的意义。有的父母为工作奔波可能是为了实现自己的人生价值，为社会创造财富，但教育好自己的孩子也是对社会的一种贡献，所以，父母要对自己的孩子负责，多听听孩子心里的声音。

妈妈虽然在文佳这儿碰了一鼻子灰，但她并不气馁，仍想引导女儿和她沟通，因为她知道这一切其实也是自己造成的。但几次尝试后她发现，文佳已经养成了不对他人过多讲心里话的习惯，不管她怎么引导，文佳都对她爱答不理的。

为了能够和女儿友好相处，妈妈咨询了一个教育专家。听了妈妈的讲述后，专家认为，父母应该想办法多抽一些时间陪在文佳身边，这样才会使得他们之间的关系逐渐发生改变，慢慢亲密起来。当然，要想达到无话不谈的地步，父母还需要多做功课，更加努力。

听从了教育专家的建议后，妈妈推掉了很多工作上的应酬，每天都尽量

好孩子不是惩罚出来的
——优秀家长的教育方法

抽出一两个小时的时间陪在女儿身边。

起初妈妈只是安静地陪着女儿看书。后来，等女儿习惯了妈妈的陪伴后，偶尔会和妈妈一起探讨书中的内容。听到女儿和自己说了这么多话，妈妈高兴得不得了。后来妈妈陪在女儿身边的时间越来越多，而女儿和她说的话也越来越多。她相信，总有一天，她和女儿能够成为一对无话不谈的母女。

其实，几乎每个孩子都十分渴望有朋友的陪伴，但现在的孩子课余时间很少，放学后还要被困在家里学习，不免让他们觉得孤单，时间长了孩子的性格也会变得孤僻。所以，作为家长，在工作之余应该多抽些时间陪陪孩子，比起玩具和零食，父母的陪伴更容易让孩子开心。

放学回家后，很多孩子都愿意跟父母讲一些在学校发生的事情，这时家长要扮演一个好的"倾听者"，不要因为孩子说的事很无聊就表现出不耐烦的表情，甚至是阻止孩子的诉说。其实，只要让孩子看到父母一个浅浅的微笑、一个轻轻的点头，他们都会很满足。得到父母的认同后，他们就会从心底里愿意和父母诉说更多的心里话。父母越"认真"听，他们就越想同分享，甚至还会告诉你一些小秘密。父母想要和孩子改善关系，那就要从倾听开始，"诱导"孩子慢慢接近你，使他愿意和你分享心里话，乐意和你友好相处。

周末，妈妈带着女儿去了市里最大的图书城，因为女儿很喜欢看童话，所以妈妈就想买两本童话书给女儿看，以此拉近母女关系。

走进图书城后，妈妈拉着女儿直奔向儿童图书区，拿起一本自己觉得不错的书，问："宝贝，你觉得这本《格林童话》怎么样？"还没等女儿发表

86

意见，她又拿起一本《安徒生童话》问："这本呢，安徒生的童话很棒的，你想看吗？"女儿张张嘴，还没发表意见就被她打断了。只见她又随手拿起一本书，问："这本呢，怎么样？"

女儿一直没有说话，好像买书的事情和自己没有关系一样，妈妈有点生气了，问："你到底想要哪一本书啊，就不能发表一下意见吗？"

女儿白了妈妈一眼，冷淡地说："反正你是妈妈，决定权在你，我发不发表意见又有什么用呢！"

妈妈听了顿时哑口无言，这才意识到，原来自己并没有给女儿发表意见的机会。

一般情况下，我们都愿意和自己的好朋友谈心，孩子也是一样，所以，家长如果想让孩子亲近自己，首先要让孩子觉得你把他当作朋友，你会听取他的意见，你尊重他的看法，这样孩子才愿意亲近你，和你谈心。可惜很多家长都认识不到这一点，他们往往觉得父母就是孩子的主宰，孩子要听从父母的，而这样做只能让孩子越来越疏远自己。

很多教育专家都呼吁父母要和孩子平等相处，因为平等才能产生友谊，有了友谊才会有沟通，才会谈心，才能增进亲子关系。亲子关系很融洽后，父母管教孩子时才更得心应手。

管教妙招

◎想要增进亲子关系，沟通是第一步，所以家长要在工作之余多抽出时间来陪陪孩子，让孩子感受到父母的关爱，从而愿意和父母进行沟通和谈心。

◎当孩子有诉说的欲望时，父母要尽量认真地倾听，在得到父母的认可后，孩子才会进一步和父母进行沟通，说不定还会告诉父母一些小秘密。

◎父母要和孩子平等地相处，让孩子意识到你会听取他的意见，而且尊重他的看法，这样孩子才会把你当作朋友，和你谈心。

贴心父母善于读懂孩子的情绪变化

家长看见孩子因为某件事哭泣时经常说："这么点孩子，哪懂得什么是伤心啊！"其实这种说法是错误的。孩子虽然小，社会阅历不多，但感情是很丰富的，他们经常为一些事情表现出自己的情绪来，虽然有些事在大人们看来很无聊。家长如果想密切亲子关系，首先就要走进孩子的内心，读懂孩子的喜怒哀乐。

威廉养了两只小乌龟，他每天都很细心地照料它们，可是有一天，他放学回家发现两只小乌龟都死了，一时没有忍住，便大哭起来。

"你这孩子，怎么啦这是，刚才还好好的？"听到哭声后妈妈赶紧跑过来问。

"呜呜……我的小乌龟死了，都怪我没有好好照顾它们，呜呜……妈妈，我想挖个坟墓把它们埋了。"威廉捧着两只小乌龟的尸体给妈妈看，一边哭一边说。

妈妈本来正忙着做饭，听他这么一说，摇摇头道："我以为是什么大不了的事呢，行了，赶紧洗手，准备吃饭。"

"可是妈妈,小乌龟死了,我不想吃东西。"威廉很难过,依然捧着小乌龟的尸体哭个不停。

妈妈有些恼了,生气地说:"不就是乌龟死了嘛,哭什么哭,去,找你爸爸去!"

威廉听了只好去找爸爸,哭着说:"爸爸,您帮我把小乌龟埋了吧。"

爸爸看着他哭花了的脸,笑着说:"只不过死了两只乌龟,埋什么埋,一会儿扔下水道里……"

"爸爸您说什么,真是太无情了。"威廉这回真的有点生气了,也不再和爸爸说话,自己拿着小铁锹和乌龟的尸体开门出去了。

"你到哪儿去,要吃饭了!"爸爸见状大声问道。

"哼,不用你管!"威廉连门都没关,气呼呼地冲下楼。

妈妈端着饭菜过来,不高兴地说:"这个孩子是怎么回事,感情变化也太大了吧,真不像个快上中学的孩子。"

爸爸点点头,很赞同妈妈的说法。

故事中的威廉为死去的小乌龟哭泣,但爸爸妈妈并不理解他,还笑话他不够成熟,为此威廉的心灵受到了伤害。其实,每个人都有和别人分享自己情感的需要,孩子也不例外。孩子虽然年龄小,可情感和情绪是很丰富的,他们也和大人一样,有着喜怒哀乐悲恐惊等心理体验,如果孩子的这些情绪不能被亲人理解和抚慰,就容易产生隔阂。

读懂孩子的喜怒哀乐,无论是对孩子还是对父母,都有着十分重要的意义。对于孩子来说,如果父母能够读懂自己的喜怒哀乐,那么他就会感觉到父母对自己的爱,也会感受到父母对自己的尊重和重视,这样孩子就会更加敬重父母;对于父母而言,读懂了孩子的情感之后,他们对孩子就会有更全

好孩子不是惩罚出来的
——优秀家长的教育方法

面的认识，对孩子的教育也会更加理性。

当孩子感觉到父母了解自己的感情后，他们对家长的抵触情绪就会相应减少，自然也就乐意接受父母的教育。因此，父母要学会读懂孩子的喜怒哀乐，同时也要和孩子分享自己的喜怒哀乐，这样，能够和孩子产生共鸣，更容易和孩子进行沟通。

放学的时间早就过了，但大志还没有回家。妈妈刚要去学校找他，门铃声却响了。妈妈打开门，看见班主任李老师和大志站在一起，大志低着头，好像哭过的样子，眼圈红红的，老师则有点严肃。

"哟，李老师，快请进，发生什么事了？"妈妈觉得有点不妙，赶紧问道。

"大志和同学打架，把人家的头都打流血了，他不敢回家，所以我才送他回来，顺便告诉您，医药费您要替大志垫上。"

"这样啊……好好，您进来坐一会儿，我去看看那个孩子吧，伤得有多严重啊？"妈妈着急地问。

"没什么大事，我还有事就不进去了，您忙吧。"老师拿了医药费就走了。

老师刚走，妈妈便顺手打了大志几下，生气地说："你这个孩子，还学会打架了，怎么这么不懂事！"

"呜呜……妈妈，您听我解释……"

大志还没有说完，妈妈又打了他几下，大声嚷道："打人还有什么好解释的，你越来越不像话了！"

"呜呜……是小刚说爸爸坏话，我让他住嘴，可是他不听，所以我才打他的。"大志边哭边说。

"什么……对不起，儿子，妈妈是气坏了。"听了大志的解释后妈妈的心里很不是滋味，原来孩子是想维护爸爸的尊严，刚才自己却没有给孩子解释的机会。"儿子，你的出发点是好的，是妈妈错了，妈妈不该打你。"妈妈赶紧抚慰儿子，好半天才让儿子的情绪稳定下来。然后才开始给儿子讲道理，告诉他不要用暴力解决问题。

无论发生什么事，家长都要给孩子解释的机会，否则就会犯了故事中妈妈的错误。生活中这样的情况时常发生，家长面对孩子的错误时总是不由分说地惩罚孩子一顿，根本没弄清楚事情的缘由，殊不知这样会给孩子带来很大的伤害。孩子犯错时，家长应该先听孩子的解释，了解孩子心里的想法，不能凭主观武断地下结论，否则会伤害孩子的心灵。

一般情况下，很多孩子都不愿意和父母分享自己的情感，因为他们觉得父母不会在意他们的情感，所以，当孩子向父母诉说自己的喜怒哀乐时，父母要尽量认真倾听，让孩子感觉到父母在和他一起分担喜怒哀乐，父母很重视他的情感。如果父母经常敷衍孩子的喜怒哀乐，不去顾及孩子的心情，只是随口应付，那么孩子下次就不愿意再和父母分享自己的情感了，甚至会有意疏远父母。所以，家长要和孩子多交流，只有这样才能听到孩子的心声，从而找到适合孩子的教育方法，帮助孩子健康、快乐地成长。

此外，家长还可以用举办家庭会议的方法鼓励孩子说出自己的喜怒哀乐，让孩子觉得自己在家里是有发言权的，自己的喜怒哀乐也是很受重视的。家长可以起带头作用，说一些生活上的感悟跟孩子分享，然后引导孩子说出自己的心声，可以让孩子讲一讲在学校发生的事情，或是让孩子提出对父母的看法，等等。这样能够让孩子充分肯定自己的情感和家庭地位，对孩子的成长很有帮助。

好孩子不是惩罚出来的
——优秀家长的教育方法

管教妙招

◎当孩子哭泣、高兴或者愤怒的时候，父母都应该问问其中的原因，帮助孩子摆脱悲伤，或者和孩子一起分享快乐。

◎父母要改变观念，重视孩子的情感，孩子虽然小，但情感是很丰富的，不可以忽视他们的情感变化。

◎父母可以举办家庭会议，鼓励孩子说出自己的喜怒哀乐，让孩子感觉到自己的情感是很受重视的。而且父母也要和孩子分享自己的喜怒哀乐，这样可以拉近亲子关系，方便日后教养孩子。

不再打骂，亲子沟通从了解开始

有的家长养育了孩子十几年，而且自认已经尽了父母应尽的义务，但是当他们坐下来认真想一想时，却发现自己并不知道孩子最喜欢吃什么、玩什么、爱好什么，根本不了解自己的孩子。我们都知道教育孩子是一项重大的任务，很多家长也都希望孩子能够成才，但是如果家长并不了解自己的孩子，那教育要从何入手呢？教育孩子首先要和孩子进行沟通，要了解孩子的性格、喜好、特长等，从而才能够因材施教，把孩子培养成栋梁之才。

今天是花蕊十二岁的生日，中午姑姑来给她庆祝生日时带了一个礼品盒，花蕊一看，高兴得不得了，笑道："姑姑，里面是什么？"

"当然是你最喜欢的,你觉得是什么?"姑姑笑着说。

"难道是……"花蕊朝姑姑挤了挤眼。

"对,你猜对了!"姑姑拍手笑道。

花蕊赶紧打开礼品盒,里面果然是一只小狗,雪白雪白的,特别可爱。

"谢谢姑姑,这是我今天收到的最好的生日礼物,我真是太喜欢了!"花蕊高兴得抱着小狗又蹦又跳。

"你什么时候喜欢养宠物了,又费时又费力的,再说了,你连自己都照顾不好,还能照顾好它吗?"妈妈习惯性地打击了她一番,但看到她顿时失色的小脸时,又心软地说:"行了行了,你养吧,只不过你自己照顾它吃喝拉撒,爸爸妈妈可不帮你,而且不要让它影响到爸爸妈妈的正常生活。"

"嗯,放心吧,谢谢妈妈。姑姑,您跟我一起来养小狗吧。"平淡且有些生分地谢过妈妈后,花蕊兴奋地跑到姑姑身边,缠着她和自己一起为小狗做一个新家。

爸爸在一旁看着,心里有些不痛快了,说道:"这孩子到底是谁家的啊,怎么和我们一点都不亲呢?你看看,我们还不如一只小狗呢!"

"这就要怪你们自己了。"姑姑走过来,笑着对他们说:"你们平时总是忙工作,都不愿意和花蕊说说话、谈谈心,她当然不愿意和你们亲近了。看看你们,还是花蕊的爸爸妈妈呢,连她喜欢小狗都不知道。我听花蕊说,每次她和你们说不到两句话,你们不是吼就是骂的,吓得她再也不敢随便和你们说话了。"

"……呃……这个嘛……"花蕊的父母顿时哑口无言,仔细想一想,情况确实和姑姑说得差不多,看来还真是他们的问题。

亲子之间闹了不愉快,家长们大多都认为这是孩子犯的错,其实恰恰相

好孩子不是惩罚出来的
——优秀家长的教育方法

反。孩子不和家长亲近,心里的想法也不想让家长知道,很大程度上是家长的教育方式不当造成的。家长们往往把孩子当作自己的私有财产,认为孩子必须听从父母的安排,而且很少过问孩子的感受和想法,有些家长甚至用命令的口吻和孩子讲话。长期生活在这样的家庭氛围中,孩子会觉得很压抑,而且还会有一种不被尊重的自卑感,从而促使他们疏远家长。

事实证明,相比"权威"式教育,和孩子成为朋友的教育方式往往更容易取得较好的教育效果,温馨平等的家庭环境能让孩子感到自己是被尊重的,自己的声音是有人听得见的,这样一来就会用积极的态度面对父母的教育,而且也愿意多和父母亲近。

想要让孩子和自己亲近,父母就要想办法和孩子进行沟通,了解孩子、读懂孩子的心,从而和孩子拉近距离。

张扬是个活泼开朗的男孩子,在学校非常活跃,可一回到家里立马就成了霜打的茄子,基本上不怎么和爸爸妈妈说话,爸爸妈妈想尽了办法却依然不见效。

一天,爸爸带张扬到邻居家做客,张扬和叔叔阿姨打完招呼后就跟着他们家的小林去房间玩儿了。过了好一会,爸爸要回家了,他来到小林的房间叫张扬准备回家,推开门后发现两个孩子正在看动漫。爸爸走近一看,原来是《犬夜叉》,于是高兴地说:"怎么,你们也喜欢这部动漫啊!"

两个男孩回头见到是张扬的爸爸,没有回答。

"别不理我啊,我也喜欢看,我喜欢杀生丸,你们喜欢谁呀?"爸爸兴奋地问。

张扬听了高兴地回答:"我也喜欢杀生丸,小林喜欢七宝和犬夜叉!"

"哈哈,儿子,原来咱们喜欢的一样,以后咱们可以一起看动漫了。"

爸爸兴冲冲地说。

"对！咱们二比一，妈妈就不能阻止了。"张扬也很高兴。

父子俩开开心心地回家了，而且一到家就一起钻进了张扬的房间，直到晚饭时间也没出来。

"吃饭了，你们两个在里面干什么呢？"妈妈叫了几声没反应后便推门进去，发现父子俩正坐在电脑前面看动漫，而且边看边讨论，聊得很起劲儿。

"你们俩什么时候这么要好了，有说有笑一个下午了，也不知道累。"

爸爸傻笑着说："这是我们男人间的小秘密，女人不要管。"

"对，男人的事情女人不能随便过问。"张扬也笑着说。

妈妈无奈地笑了笑，说："好吧，那你们两个男人要不要吃饭啊，饭菜都快凉了。"

"是吗，儿子，你饿不饿，我好像真有点饿了。"爸爸对儿子说。

"嗯，我也饿了，吃饭去。"说着就拉着妈妈和爸爸一起去客厅了。

孩子往往都乐于和别人讨论自己感兴趣的事情，当家长和孩子一起讨论共同喜欢的事物时，会给孩子带来快乐的情绪，而孩子也能感觉到父母其实没有那么"不近人情"，自然也就愿意多和父母交流了。故事中的张扬一开始总是故意疏远家长，后来爸爸发现他们都喜欢看同一个动漫，然后以此和儿子"套近乎"，慢慢改善了父子关系并成为朋友。在生活中，家长们也可以参考这个方法，找一个共同爱好作为切入点，比如同一部电视剧，同一个演员，游戏都可以，并以此慢慢和孩子培养感情，成为孩子的朋友，然后再一点点地对孩子进行深入了解，这样也有利于日后对孩子的教养。

在生活中，有的家长总是时刻端着家长的架子，动辄就命令或指责孩

好孩子不是惩罚出来的
——优秀家长的教育方法

子,不但伤害了孩子的自尊心,而且还会引发孩子的逆反心理,促使孩子做出过激行为。心理学家认为,父母对待孩子的态度、教育孩子的方法对孩子的性格发展有着重要影响。所以,家长要想拉近亲子关系,就要放下家长的权威,以朋友的身份和孩子相处,不要事事以严厉的态度要求孩子。比如,孩子做错了事,家长不要不分青红皂白地对孩子好一顿批评,而是要帮孩子分析出错的原因,找到解决问题的办法,和孩子一起面对。

此外,家长要尽量少说"我警告你"、"你给我听着"等威胁、命令的语言,因为这种语气孩子听着会觉得刺耳,刺耳的话语孩子基本上是左耳朵进、右耳朵出,起不到教育的作用。所以,家长对待孩子要用耐心和理解的态度,这样才会换来他们的尊重和认可。

管教妙招

◎父母可以找个共同的爱好作为切入点,以此和孩子沟通,改善亲子关系,促进亲子之间互相了解。

◎父母要放下自己的架子,以平等的身份和孩子相处,尽量少用"我警告你"、"你给我听着"等命令的语言,这样才能够让孩子愿意接近父母。

父母怎样说话，孩子才更听话

很多家长都知道要和孩子好好沟通，沟通好了才好说教，但是大多没有掌握好沟通的技巧，以至于孩子根本不领情。所谓沟通并不是简单地说话、聊天，而是有技巧地和孩子进行交流，所以话要说到点子上，说到孩子的耳朵里和心里，否则，所说的话只能是孩子的耳旁风，过了也就算了，毫无意义。

放学了，小帆垂头丧气地回到家。他一进门就刻意朝客厅看看，发现妈妈没在，于是赶紧往自己的房间跑。可不巧的是，他还没有推开自己房间的门，妈妈却从厨房出来了，而且还看到了他紧张兮兮的样子。

"跑什么啊，又没有人追你？"妈妈假装笑着说。

"我没有跑啊，哪儿跑了……"小帆蹑手蹑脚地推开房门，然后迅速走了进去。

妈妈跟了过来，笑着说："怎么了，有什么事瞒着我吧？"

小帆看躲不过了，只好乖乖地把试卷拿出来递给妈妈。妈妈一看，39分，顿时就来了火。

"你到底是怎么回事啊，就不能及格一次给我看看吗？真是个让人头疼的孩子！"妈妈用手捂住额头，没再说什么，把试卷放在他的床上后去厨房做饭了。

好孩子不是惩罚出来的
——优秀家长的教育方法

晚上吃饭的时候,妈妈看了看爸爸,说:"你的儿子又没有及格,都是你管教无方。"

"怎么能怪到我的头上呢,不是你一直在教育孩子吗?"爸爸无故被妈妈数落一顿,连吃饭的心情都没了。他扭过头看了看小帆,说:"你是怎么搞得,我和你妈妈的学习成绩都很好,你却经常不及格,难道是基因变异了不成?"

小帆听了顿时红了脸,低下头只顾吃饭,后来爸爸妈妈们又说了什么他就没心思听了。

故事中的爸爸妈妈和孩子进行沟通了,但是这种效果比不沟通好不到哪里去。当孩子遇到挫折或者犯了错时,心情肯定会受到影响,这时候他们需要的是家长的安慰和鼓励。如果家长摆出一副打仗的架势,对孩子进行责备和训斥的话,只能导致孩子不愿意和家长沟通,慢慢疏远家长。

面对孩子的错误和失败,家长说话就要三思了,切记语言不能过激,否则会伤害孩子的自尊心,会让家长的教育起到反作用。

雪静的英语又考砸了,她很失望地拿着一张没有及格的英语试卷回家,而且一回家就拿给了爸爸妈妈看。

"哟,雪静,你好像比上次考得好啊!"爸爸看着试卷高兴地说。

"是吗,反正都是不及格。"雪静有气无力地说。

"话可不能这么说,59分和1分能一样吗?而且你真的进步了,如果进步再大一点就更好了!"爸爸笑道。

"对啊,你不知道,妈妈小时候也经常不及格,但是妈妈觉得自己下次肯定比这一次考得好,然后每次进步一点,最后成绩就提高了。"妈妈也笑着说。

听了爸爸妈妈这话,雪静心里的不痛快很快就消失了,她立志下次一定要好好考,让爸爸妈妈高兴高兴。

同样是面对考试不及格的孩子,雪静的父母就比小帆的父母更懂得如何与孩子进行沟通。我们常说,没有不听话的孩子,只有不会说话的父母。这句话是很有道理的。如果你的孩子经常把你的话当作耳旁风,对你的管教也是不屑一顾,那你就要好好反思一下自己的说话方式了。

父母和孩子说话,尽量不要用命令性的语气,比如"你必须"、"你不能"、"我不允许",等等。这样的话语只会激起孩子的反抗心理。从《水浒传》中我们知道,哪里有压迫哪里就有反抗,在家庭教育中也是同样,如果你总是命令孩子、压制孩子,孩子的反抗情绪就会越来越高,到最后甚至会忽视父母的存在。所以,和孩子说话时要有缓和的余地,要体现家长的民主性和宽容,这样孩子才愿意接受。

佳慧听见楼下有人在玩跳皮筋,便对妈妈说:"妈妈,我能下去和她们玩儿会儿吗?"

"可以啊,如果你能把作业写完了再去就更好了。"妈妈笑着说。

"可是,如果我写完了她们就要回家了。"佳慧有点担心地说。

"不会的,她们才玩儿了一会儿,肯定不会那么早回家,而你很快就会把作业完成的。"妈妈鼓励她说。

"好吧,如果我写完她们却回家了的话,我就要和妈妈一起玩儿。"佳慧笑道。

"没问题,妈妈玩儿得比她们好,一定不会让你失望的。"

同样的事情，如果故事中的妈妈说"不行，你要写完作业才能出去玩"，那么孩子就不会乖乖地听话了，而且就算孩子勉强听从了妈妈的命令，也不会认真完成作业，这样就起不到教育的作用了。

父母在和孩子说话时，尽量要用商量的语气，这样孩子会觉得他和父母是平等的，也更愿意和父母沟通并采纳父母的意见。

"华凯，听说你今天和班里的同学打架了？"妈妈问道。

"是啊，是他先骂我的，是他活该！"华凯有理地说。

"嗯，他骂你的确不对。这样吧，下次再出现这种情况时，你先克制一下自己的情绪，尽量不要打架，否则会给老师留下不好的印象。"妈妈说道。

"可是我为什么要克制，明明是他错了。"华凯依然不肯听取妈妈的意见。

"是这样的，你想啊，这次是你把他打伤了，因为他打不过你。如果下次遇到一个更强悍的对手呢，你的冲动就会让你成为对方的人肉沙包。为了自己的安全，妈妈希望你还是克制一下自己的情绪。"

"好吧，我尽量不再随便用拳头解决问题。"

妈妈和孩子以商量的方式来解决问题，远比命令孩子承认错误、硬逼着孩子改正错误要有效得多。

除此之外，父母在和孩子沟通时尽量不要一味地说教，孩子上了一天学，老师们已经灌输了太多的道理给他们，如果回到家了父母还要进行说教的话，他们就会觉得腻烦。如果父母和孩子讨论的是学校里的趣事，公司的趣闻，或者在街上看到的情景等，那么孩子就会非常感兴趣，不但乐意加入父母的讨论，还会主动说一些趣事逗父母开心。亲子之间的沟通应该多一些日常琐事的内容，少一些说教，这样才能够增进亲子关系。

管教妙招

◎孩子遇到挫折或者犯了错误时，父母要以安慰和鼓励为主，以保护孩子的自尊心，孩子觉得受到尊重后，也更乐意接受父母的说教。

◎父母尽量不要用命令的口吻和孩子进行沟通，而应该用商量的语气和孩子交谈，这样才能让孩子感觉到父母很民主，自然就比较容易接受父母的意见。

◎父母和孩子之间的沟通应该多一些日常琐事的内容，少一点说教，这样才更能增进亲子关系。

亲子沟通，多种方式齐上阵

很多家长的工作都很忙，连休息的时间都不够，所以就更顾不上和孩子进行沟通了。有时候孩子遇到困难，很想找父母谈谈心，但是妈妈说："乖，去找爸爸，妈妈现在没空。"爸爸也说："宝贝，去找妈妈，爸爸现在太忙了。"父母你推我、我推你的，最后孩子只能躲到自己的房间里伤心。

其实，亲子间的沟通不一定是坐在一起长篇大论地交谈，因为有的家长

好孩子不是惩罚出来的
——优秀家长的教育方法

实在是没有这么多时间。而且有些话父母也并不好当着孩子的面讲，彼此面对面的交谈反而会影响沟通效果。所以家长应该采用多种方式来和孩子进行沟通。

飘雪出生在一个很富裕的家庭，她从来都不发愁零花钱和漂亮的衣服，唯独一点不好，那就是爸爸妈妈平时太忙，没有时间和她进行沟通，不过相比较其他相同遭遇的孩子，飘雪显得要快乐很多。

一次，飘雪和好朋友蔷薇出去逛街，一路上飘雪有说有笑的，蔷薇却一直闷闷不乐。

"你怎么了，今天好像很没有兴致啊？"飘雪问道。

"我都快半年没有见过爸爸妈妈了，他们一直在忙着做生意，根本就不理我。"蔷薇哭丧着脸说。

"这有什么，我有一年没和爸爸妈妈一起吃过饭了。"飘雪笑着说。

"什么，那你怎么还这么无忧无虑的，难道不生气吗？"蔷薇很佩服她的坚强。

"他们没有时间回家嘛，这也是没有办法的事。不过，我爸爸妈妈经常和我聊QQ的，而且还经常视频，所以即使他们不在身边，我也知道他们很爱我。"飘雪笑道。

"你的爸爸妈妈真好，我们家那两位大忙人啊，连个短信都舍不得给我发。"蔷薇垂头丧气地说。

"别这样，你告诉他们，没有时间回家可以用QQ聊天，他们肯定不会拒绝的。"飘雪建议道。

"是吗，他们愿意吗？"蔷薇有些不确定。

"会的，你试试就知道了。"飘雪鼓励她。

事物总是在变化着，人们沟通的方式也一样。从前我们只能面对面的交谈，后来可以互通书信，再后来就有了电话和电脑，通过音频和视频，即使在很远的地方人们也能够听到对方的声音、看到对方的表情。现在迫于生计，很多家长不得不离开孩子去远方工作，虽然为孩子争取了更好的物质条件，但换来的却是对孩子教育的缺失。

　　对于不在孩子身边的父母，要经常利用网络和电话与孩子进行沟通，虽然这种方式不能替代面对面地与孩子进行交流，但是也能够保持亲子之间的联系，让孩子体会到来自父母的关爱。

　　有的家长几乎每天都和孩子在一起，但孩子总是对自己爱答不理的，好像陌生人一样。对于不喜欢和父母直接交谈的孩子，家长可以适当运用"爱心纸条"来向孩子传达自己的爱。

　　儿子进入青春期了，脾气变得越来越大，爸爸妈妈都不知道该怎么和他交流。一次，已经深夜了，妈妈突然被一声巨响惊醒。她从床上爬起来，看见厨房的灯亮着，便走了过去。

　　"你在干吗呢，大晚上的不睡觉！"看到地上的玻璃碎片后妈妈生气地嚷道。

　　"有什么大不了的，不就是打碎一个杯子吗，我明天买一个还给你！"儿子听了火气更大，干脆不收拾了，直接回房间睡觉。

　　第二天，妈妈给儿子准备了丰盛的早餐，可是儿子一口都没吃，直接背着书包上学去了。妈妈的心里很不是滋味。

　　晚上，儿子写作业的时候发现台灯座下面压着一张纸，打开一看，上面写着："儿子，昨天妈妈太冲动了，不该对你发火，你别生气了。"署名是

好孩子不是惩罚出来的
——优秀家长的教育方法

妈妈。

第三天早上，儿子上学去之后，妈妈在他的台灯座底下也找到一张纸条，上面写着："妈妈，我也有错，最近我的脾气一直不好，您原谅我吧！"妈妈看到这些字后高兴地流下了眼泪，她很久没有听到儿子这么真诚的话了。

很多进入叛逆期的孩子都不喜欢和父母沟通，家长和他们面对面交谈的机会非常少，当孩子犯了错或者有不开心的事时，家长的管教和关心对孩子好像没有什么作用，而且如果家长的教育方式不对，还会引起亲子之间的矛盾。为了减少面对面交谈带来不必要的麻烦，家长可以给孩子写个小纸条，或者鼓励、或者安慰、或者委婉地提出自己的意见，这样的交流孩子可能更容易接受。

和"爱心纸条"有相同作用的就是信件，当父母有很多话想对孩子说，但又不好当面讲出来，或者孩子不喜欢和父母面对面交谈时，父母就可以采用写信的方式来与孩子沟通。

秦杰上初中以后就越来越不喜欢和父母沟通了，他总是觉得自己已经是个大人了，什么事都不希望父母插手，父母稍微说一两句他就很反感，"我知道了，我又不是三岁的孩子，你们别这么小题大做的！"父母知道面对面地交流只会让问题更严重，于是爸爸就给他写了一封信：

"儿子，我总想找个机会和你好好聊聊，但又担心你嫌我啰唆，所以始终没有开口。

"你不知道，你小时候长得特别可爱，而且还有点水浒英雄的气概，经常给自己的小伙伴打抱不平，爸爸很佩服你。转眼间你就上初三了，你可能觉得自己已经长大了，但是在我看来，你还是太年轻了，所以我想告诉你一些生活中和社会上的经验。

"可能你会笑话我这种做法很幼稚，但即便你产生了这样的想法也不要紧，因为我愿意、也诚恳地和你进行朋友式的平等交流，如果不对，请你批评……"

在这封信里，爸爸写出了自己从15岁到20岁的一些生活领悟和社会经验，希望能对渴望独立的儿子有所帮助。

秦杰看了信之后非常感动，他从来不知道，原来爸爸年轻时的生活这么丰富多彩，而且爸爸很多经验对他都很有帮助。后来，秦杰开始对父母的话感兴趣，也试着和父母多沟通，家庭气氛和谐了很多。

面对叛逆的孩子，家长是不能硬来的，强行说教只能让孩子离家长越来越远，所以要用一些比较委婉的方式来拉近亲子关系。

现在的孩子都比较喜欢从网络上获取信息，所以他们喜欢具有网络气息的说话方式，如果家长想和孩子拉近距离，可以适当地了解一些网络流行语，并和孩子进行现代式的沟通，让孩子觉得原来父母和他的代沟并不深，还是可以共同交流的。所以，想和孩子进行愉快地交流，父母就要想办法紧跟时代步伐，多用孩子喜欢的语言方式和孩子进行沟通。

管教妙招

◎如果父母和孩子闹小矛盾想向孩子道歉，或者想表达一下对孩子的关心，可以用写纸条的方式，这样不但温馨，还能避免出现尴尬的局面。

◎父母的当面管教如果孩子不愿意听，那么可以用写信的方式告诉孩

子，或者发电子邮件，这样孩子会更容易接受父母的管教。

◎父母应该多注意一些网络流行语，学着用孩子喜欢的说话方式和孩子进行沟通，或者经常和孩子聊QQ、上人人网等，这样才更容易接近孩子的内心世界。

第五章
塑造孩子的良好习惯，省却很多惩罚性教育

生活中，孩子多多少少都有一些不良习惯，比如说脏话、撒谎、浪费、学习没有计划等，这些看似都是小问题，但如果不加以改正，会对孩子的健康成长非常不利。有的家长经常因为孩子的一些坏习惯而对其惩罚，但是惩罚又效果不理想，为此家长们很头疼。其实，与其经常因为坏习惯的问题而惩罚孩子，家长不如在日常生活中多培养孩子的好习惯，不但能省却很多惩罚性教育，而且也能促进孩子健康成长。

孩子懒惰，家长是该责骂还是反思

大多数家长都有这样的体会，一到放假的时间，孩子便开始放任自己，晚上不睡、早上不起，而且整天闷在家里看电视、打游戏、吃零食，很少帮助父母做家务。有的家长因此抱怨："现在的孩子越来越不像话了，简直懒得出奇，眉毛着火了都懒得去扑。"其实，家长在抱怨孩子的时候应该认真反思一下，是不是自己的教育不到位呢？

小凡已经十一岁了，一放假就窝在家里，或者在床上趴着，或者在沙发上躺着，总是处在睡眠或者半睡眠状态，活像一只澳洲考拉。

"吃饭了。"妈妈说："小凡，你就不能动一动吗？"

坐在沙发上看电视的小凡听了，把屁股挪了挪，然后又继续看电视。

"你这孩子，你妈妈是让你帮忙摆摆桌椅和碗筷。"爸爸在一旁看着，无奈地摇摇头。

"是吗，可是我很累啊，还是爸爸去帮忙吧！"小凡一动不动，有气无力地说。

"哎哟，你到底有多累啊，有妈妈累吗？她从早一直忙到现在。你倒好，睡了一大早晨，现在却说自己累了。"爸爸有点火了。

"我已经上了一个星期的学了，怎么能不累呢？爸爸你真懒，还说我

好孩子不是惩罚出来的
——优秀家长的教育方法

呢，也不知道帮妈妈做家务。"小凡开始批评起爸爸来。

"呃……这个嘛……你先管好你自己吧！还教训起我来了。"爸爸想了想，好像自己的确没有帮妈妈做什么，然后有点心虚了。

"你们两个就懒吧，一个大懒，一个小懒，没一个让我省心的。"妈妈气呼呼地端着饭菜走到客厅里，显然对父子俩的表现很不满。

"老婆，你辛苦了！"爸爸讨好地说。

"光说有什么用，你就不能起个好的带头作用？儿子懒就是跟你学的！"妈妈训斥道。

"对啊，妈妈，你不能怪我，要怪就怪爸爸，我是受了他的影响。"小凡很有理地说。

妈妈摇摇头，不想再多说话了，面对这对儿懒得出奇的父子，她简直无话可说。

故事中的小凡懒得就像一只喜欢睡觉的澳洲考拉，家务活从来都不做，妈妈简直拿他没办法。不只是小凡，现在很多孩子都很懒惰，他们一放假就窝在家里看动画片，哪儿都不想去，甚至对其他游戏也不怎么感兴趣，一副懒洋洋的样子，让人看起来很恼火。

其实，懒惰是人的天性，如今的孩子大多是独生子女，家长们都比较宠爱，很少让他们做家务，但当家长意识到孩子被惯得十分懒惰时，又抱怨他们不懂事、不听话。所以说，孩子懒惰其实是父母的错。

要想改掉孩子懒惰的毛病，父母只能循循善诱，不可动武。切记，好孩子不是打出来的。比如家长可以让孩子自己制订学习计划，只要一天完成定量的学习任务，就给他奖励，让他尝到甜头，日久天长，他就会变得勤快了。此外，可以利用假期，让他干一些力所能及的家务活，给他锻炼的机会，等等。

妈妈认识到，不能再让这父子俩这么懒惰下去了，一定要好好治一治他们的懒病。一天，妈妈说："我要和公司的同事出去旅游，大概一个星期吧，你们俩的生活自己看着办。"

"乖儿子，你和爸爸好好照顾自己啊。"妈妈嘴上这么说，但心里很清楚，这父子俩肯定会把生活搞得一团糟。

果不其然，妈妈刚一走，第二天就出状况了。"儿子，快起床，要迟到了！"爸爸一翻身起来，发现已经八点钟了，赶忙穿衣、做早餐。

"不，我想再睡会儿。"小凡赖在床上不起。

"快点，否则我就不客气了！"爸爸显然很着急，而且还有点火了。

"好吧……"小凡磨磨蹭蹭地起床，然后洗漱。

"儿子，你自己出去吃早餐吧，爸爸来不及了，先走了。"爸爸说着果然自己走了。

"不行，妈妈不让出去吃，你太不负责任了！"小凡拉着爸爸不让爸爸出门。

"好吧，那你得帮我！"爸爸妥协道。

"行！"

于是父子俩开始做早餐，虽然手忙脚乱的，但是最后还是做好了，只是不太可口。

"爸爸，明天你得早起，好好做一顿早饭，今天的早饭实在是太难吃了！"小凡抱怨道。

好孩子不是惩罚出来的
—— 优秀家长的教育方法

"好吧,但是你也得帮忙,否则早饭就没你的份!"

"真是的,妈妈从来不让我帮忙,爸爸太逊了!"小凡说。

"那是因为妈妈太勤快了,我可不是。"

就这样,父子俩互相帮助,生活终于完全自理,很快一个星期就过去了。妈妈回到家一看,地很干净,厨房也很整洁,心里别提有多高兴了。

有了这次经历后,父子俩也知道妈妈的辛苦了,以后尽量帮助妈妈做家务,再也不偷懒了。

故事中的妈妈给懒惰的父子俩创造了治疗懒病的机会,而父子俩也没有让妈妈失望,大的以身作则,小的以大的为榜样,相互配合,果然改掉了懒惰的毛病。从故事中我们也得知,其实孩子的懒惰是父母娇惯出来的,而且如果父母比较懒惰,孩子也会学着懒惰。因此,想要改掉孩子懒惰的毛病,家长就要以身作则,从日常生活中去影响孩子,给孩子做个好榜样。

习惯对人的生活、学习以及事业上的成就都至关重要,而习惯的养成又跟家庭教育有很大的关系。孩子的早期可塑性很强,是习惯养成的关键时期。这一时期容易养成好习惯,也容易养成不良习惯,家长要经常鼓励孩子做家务,让孩子养成勤快的好习惯。不过,很多家长以前忽略了这一点,对孩子比较娇惯,以致孩子比较懒惰。不过不要担心,因为孩子的可塑性是很强的,纠正起来也比较容易,只要家长及时帮助孩子改正,总会有一定的成效。

管教妙招

◎在日常生活中,家长要适当地让孩子分担一些家务,从小培养孩子爱劳动、不懒惰的好习惯。

◎父母要以身作则，给孩子做一个好榜样。因为父母懒惰，孩子也会跟着学，慢慢地就会养成懒惰的坏习惯。

◎面对孩子的懒惰，家长不要一味地批评，可以用鼓励的方式激励孩子勤快起来。

聪明的父母引导孩子拒做"三只手"

很多孩子都有小偷小摸的习惯，他们并不是有意要去偷东西，只是一种坏习惯在作祟。孩子的这种行为虽然不是什么大错误，但是如果家长不及时制止，就会埋下很大的隐患。

最近，妈妈的钱包里总是无缘无故地丢钱，不是十块就是八块。妈妈一直没有想通，"难道家里进贼了？"她对爸爸说。

"家里怎么会有贼呢，你是不是花了，然后又忘记了？"爸爸问道。

"没有啊，这两天我都没买东西，一定是有贼！"妈妈肯定地说。

"可如果有贼的话，为什么不把钱全偷走，而是只拿一部分呢？"爸爸又问。

妈妈想了想，还是不知道原因是什么，直到有一天，妈妈发现自己的儿子像贼一样偷偷跑进了她的房间，没一会儿又悄悄出去后，这事才有了眉目。

好孩子不是惩罚出来的
——优秀家长的教育方法

"难道是儿子拿的？"虽然妈妈大概了解是怎么一回事了，但她还是不敢相信自己的儿子会做出小偷一样的行为。

为此，妈妈故意安排了一场戏，想看看儿子到底是不是家里的"贼"。

一次周末，妈妈随手把钱包放在了饭桌上，假装去厨房忙活，然后又悄悄躲在了洗手间的门后，从门缝里观察饭厅里的动静。

五分钟过去了，饭厅没有任何动静，妈妈想，可能是我搞错了，儿子应该是无辜的，我真是的，有点大惊小怪了。正当妈妈准备从洗手间出来去厨房时，儿子房间的门发出了轻轻的吱呀声。

妈妈仔细看了看，发现儿子出现在了饭厅里，探头探脑的，然后又轻手轻脚地来到了饭桌前，东瞧瞧，西看看，确定没人后，迅速地拿起了桌上的钱包，从里面抽出了两张十块钱的纸币，之后便把钱包放回原处，迅速地跑回了房间。这一系列动作简直就像个专业小偷一样。

晚上吃饭了，妈妈装作不知道这件事，随口说道："最近真是很奇怪啊，放在钱包里的钱总是少，今天少五块，明天少八块的，真是愁死我了！"

"又少了啊，你真的确定不是自己花掉的吗？"爸爸问道。

妈妈没有说话，只是看了看儿子，只见他先是惊慌了一下，可是听到爸爸的话后，他赶紧附和道："妈妈，肯定是你记错了。"

"是吗？也许吧，最近妈妈的记性是不太好。"妈妈说完，儿子明显松了一口气，心情顿时好多了，然后大口大口地吃起饭来。

"儿子，今天吃饭之前你是不是来饭厅了？"妈妈轻声问。

"啊？"儿子吓了一跳，连忙摇头，连筷子都差点掉了。

"而且好像还动了一下妈妈的钱包？"

"没，没有啊。"儿子看起来很慌张。

"这样啊，难道咱们家还有其他的孩子？"

"可能是吧……"

"你以为妈妈没有看见吗？还敢撒谎！小小年纪竟然学会偷钱了，说，在外面是不是也偷过别人的东西！"妈妈生气地拍了一下桌子，把儿子吓得一句话也不敢说，连爸爸也不敢接话。

"妈妈，我……"儿子红着脸低下了头。

"我什么我，看我怎么教训你，还当上小偷了，以后怎么得了！"妈妈大声嚷道。

"老婆，事情应该没有这么严重，你冷静一点。"爸爸劝道。

"还冷静，再冷静你的儿子就要进监狱了！"妈妈生气地说。

"这，真的没有这么严重……"爸爸还没有说完，妈妈已经拿起笤帚打在了儿子的屁股上，儿子"哇哇"地哭了，嘴里喊道："我不敢了，妈妈，再也不敢了……呜呜……"

孩子的小偷小摸行为是很常见的，尤其是10岁以前的孩子，不过随着年龄的增长，这种现象会逐渐消失。教育专家经过研究发现，孩子之所以做出这样的行为，是因为他们对金钱等已经有了一定的欲望，很希望自己是个"有钱人"，但是他们没有能力赚钱，所以只能从父母的钱包里偷，虽然他们知道偷东西不对，却没有足够的意志力控制自己的行为，所以就经常出现小偷小摸的行为。在家里小偷小摸不是什么大错，但家长不能放任不管，而且要及时制止，只是教育方式不宜效仿故事中的妈妈，要温和地引导孩子改正错误，否则会给孩子留下阴影。

好孩子不是惩罚出来的
——优秀家长的教育方法

现在很多家庭都只有一个孩子，所以很多孩子都是在父母的宠爱下长大的，孩子要什么家长就给什么，在这样的情况下，孩子应该无所求了才对，但其实并非如此。物质水平提高的同时人们的欲望也在膨胀，孩子也是如此。比如，他们不满足于数量已经很多的玩具，要追求更高端、更时尚的，如果家长不给予满足，他们就开始小偷小摸。这种行为是必须及时纠正的，否则后果将不堪设想，因为小时候的小偷小摸会造成成年后的违法乱纪。为了孩子的将来，父母必须及时制止。

孩子有了小偷小摸的行为后，家长不应该有过激的反应，比如大发雷霆，痛打孩子或者当众数落孩子，因为这样不但解决不了问题，还有可能让孩子自暴自弃，更喜欢偷窃。所以，当家长发现孩子有偷窃行为时，应该保持冷静，先找出诱因，然后再根据具体情况，有针对性地给孩子分析问题，引导孩子认识错误、改正错误。

了解了孩子偷窃的原因后，家长就要根据实际情况进行适当的批评教育。首先要坚持正面教育，向孩子讲明这种行为的坏处及会引发的后果，其次再鼓励孩子改正错误。如果孩子偷的是别人的东西，那首先要让孩子物归原主，并且向对方表示诚挚的歉意，然后再对孩子进行说教。另外，在孩子认识到错误以后家长也要暗中观察一段时间，因为孩子可能一时很难彻底改掉，中间会出现反弹的情况，所以家长要时常注意，一旦发现迹象要及时提醒，这样才能帮助孩子彻底改掉小偷小摸的坏习惯。

管教妙招

◎发现孩子有小偷小摸的行为后，家长要及时制止，但不能打骂孩子或者当众数落孩子，这样会伤害孩子的自尊心，给孩子留下阴影。

◎对于孩子的小偷小摸，家长首先要寻根溯源，弄清楚孩子偷窃的原因，然后再根据具体情况对孩子进行说教。

◎如果孩子偷了别人的东西，首先要让孩子物归原主，并且向对方表示诚挚的歉意，然后再对孩子进行教育。

不动怒也能制止孩子说脏话

我们都说有其父必有其子，父母是什么样子，孩子也大概是什么样子。不过，在说脏话这一点上这句话就不准了。因为有的家长很文明，从来不在孩子面前讲脏话，但孩子却脏话连篇。而且很多家长都说不出口的脏话，孩子却能当作口头禅一样说出来，家长们不免疑惑，"这孩子，都是从哪儿学的？"

究其原因，是因为孩子们接触脏话的渠道有很多，学校等公共场合、荧屏上、网上等，就算家里的环境很好，出去也会受到影响。所以让孩子不说脏话或者改掉说脏话的毛病并不是很容易，但也不是无计可施。

小淘不知道从什么时候学会了说脏话，一次，她犯了错误，妈妈不过是管教他一句，没想到小淘居然生气地说："放屁，我根本没错！"

"小淘……你刚才说什么？"妈妈以为自己听错了，又问了她一遍。

"我说你放屁，我刚才没有做错！"小淘理直气壮地说。

好孩子不是惩罚出来的
——优秀家长的教育方法

"你居然说脏话，谁教你的，太不像话了！"妈妈训斥道。

"说脏话怎么啦，这不是很正常吗，不说才不正常呢！"小淘觉得妈妈很老土，留下这句话后便做自己的事去了。

妈妈仔细想了想，好像小区里的孩子都会说脏话，而且相比较之下小淘还算文明的，"可能是我太敏感了。"妈妈淡化了这件事情的严重性，并没有太过追究。但很快，妈妈发现小淘说脏话的水平竟然升级了，而且情况比较严重。

晚上一家人坐在一起看电视，当剧情发展到有个坏蛋在做坏事的时候，小淘张口就骂了起来。

妈妈吓了一跳，扭头问道："小淘，听听你都说了些什么？"

小淘指着电视上那个人说："我在骂这个人，他怎么能做出这种禽兽不如的事情来呢，混蛋！"

"你现在越来越不像话了？"妈妈生气地看着女儿，不明白她现在怎么变成这样了。妈妈猜想，女儿在学校里可能是一个张口就骂人的小女生，为此非常揪心。

"妈妈，你真无聊，像这种混蛋，就欠骂。王八蛋！"小淘并没有觉得自己有什么不对，依旧指着电视愤愤不平。

"小淘……你注意自己的言辞，一个女孩子家家的，怎么张嘴闭嘴都是脏话呢！"妈妈生气地教训道。

"妈妈，别小题大做了，现在说脏话已经不是什么错误了，干吗那么紧张。而且说脏话的时候感觉好极了，又解气又顺心。"小淘得意地说。

妈妈虽然很生气，但看着女儿一副无所谓的样子，一时也不知道该怎么办才好。

一般说来，孩子第一次说脏话的时候父母都会感到错愕、愤怒，会马上纠正孩子的错误，甚至会狠狠地教训孩子一顿。但是，如果惩罚的方法不当，孩子就改不掉这个坏习惯。当孩子口中的脏话越来越频繁且越来越不堪时，大多数父母就都会像故事中的妈妈一样不知所措，有的家长甚至还会在无奈之下听之任之。我们都知道，习惯一旦形成，想要改掉就有很大的难度了，所以父母不应放任孩子的坏习惯，当听到孩子说脏话时，必须及时纠正，否则会给将来的教育带来很大的麻烦，也会影响孩子的文明形象。

孩子在成长中有一个脏话敏感期，在某段时期内会格外喜欢说脏话，这是一个很正常的现象。但是，如果家长不及时制止，就会让孩子养成爱说脏话的坏习惯。而这一坏习惯可能会伴随孩子的一生，给孩子带来一些不必要的麻烦。

想要让孩子不说脏话，家长首先要以身作则，提高自身的修养，不论是在家里还是外面，都要注意自己的言辞，不随意说脏话、粗话，而且态度要和气，给孩子营造一个文明、礼貌的语言环境，让孩子在潜移默化中受到熏陶。而且父母要注意教育孩子说话时应该使用礼貌语言，这样不但能帮助孩子改正说脏话的坏习惯，还可以净化孩子的成长环境。

当孩子说脏话时，家长应该告诉孩子，说脏话是一种不良行为，是对别人的不尊重，甚至侮辱。而且还要让孩子明白，说脏话并不是一件很有趣、很有面子的事，它会引起别人的反感，会让自己显得粗鲁，从而被别人疏远。了解说脏话的诸多坏处之后，孩子就会有意识地慢慢改正自己的错误，而这样比让父母天天训斥着改正要有效得多。

当孩子习惯说脏话时，家长可以利用语言的灵活性，教孩子用一些文明

好孩子不是惩罚出来的
——优秀家长的教育方法

又能表达强烈情绪的词语来替代脏话，并且长期监督孩子使用替代词来表达情感。一段时间后，孩子说脏话的毛病就会慢慢改掉了。

如果孩子有较长时间的说脏话的坏习惯，父母就不能奢望孩子会在短时间内改正了。这时候可以采取强化法，规定孩子每天说的脏话不能超过多少句，如果孩子做到了就给予一定的奖励，一段时间后再减少脏话出现的频率，直至孩子的不良习惯消失。这种教育方式的效果不是非常明显，而且速度较慢，不过能够帮助孩子彻底改正，所以家长要足够的耐心。

管教妙招

◎想要让孩子不说脏话，家长首先要以身作则，提高自身修养，不论是在家里还是外面，都不要随意说脏话，给孩子营造一个文明、礼貌的语言环境，让孩子受到熏陶。

◎孩子说了脏话后，家长要告诉孩子说脏话的坏处，让孩子真正明白，说脏话会影响自己的形象，并且会给以后的生活带来不良的影响。

◎可以用强化法来帮助孩子改正爱说脏话的习惯，每天规定孩子说脏话的次数和句数，然后再慢慢提高要求，逐渐帮助孩子彻底改掉这个坏习惯。

不责备、不惩罚，让孩子轻松改掉"说谎癖"

撒谎似乎是人的天性，哪怕是天真无邪的孩子也会撒谎，而且如果孩子第一次撒谎没有被发现的话，他就会错误地认为撒谎是一件很正常的事情，而且能给自己带来一定的好处，于是就慢慢养成了爱说谎话的坏习惯。

当家长发现孩子撒谎时，一定要及时纠正孩子的错误，让孩子认识到，撒谎是可耻的行为，否则会影响孩子的人格形成，给孩子未来的生活带来不良的影响。

又是星期一，晓月很不想起床，一想起又要上一个星期的学，她就头疼。

"晓月，快点，要不然会迟到的！"妈妈开始催她了。

"哎呀，烦死了，我今天不想去上学，谁规定人必须要上学的，真烦人！"晓月在床上翻来覆去，就是不肯起床。

"好了，上个学有这么痛苦吗？我还要上班呢，比你痛苦多了，快点，要不然真的迟到了，想罚站啊？"妈妈一边准备早餐一边说。

"罚站就罚站，有什么大不了，反正我就是不想去上学！"晓月还是在耍赖。

"快点，别成心捣乱了，妈妈一大早起就要给你做饭，容易吗？"

"好吧，我起来……"晓月听妈妈说得可怜，这才从床上爬起来。磨磨

好孩子不是惩罚出来的
—— 优秀家长的教育方法

蹭蹭地收拾、吃早餐,然后背着书包去上学。

上午9点,正在工作的妈妈突然接到学校的电话,说是晓月在学校突然晕倒,已经送进了医院。

妈妈着急地赶到医院的时候,晓月已经清醒了。"医生,我的女儿没事吧?"妈妈问道。

"没什么问题,不用担心,可能是学习压力太大了。"医生简单地说。

妈妈听后这才放心地带着女儿回家了。

回家的路上,晓月非常高兴,说:"太好了,今天不用上学了。"

妈妈笑着说:"你这个孩子,上学比生病还难受啊?"为了安慰生病的女儿,妈妈特意买了晓月最爱吃的酸奶和薯片带回家。

回到家里,晓月就像重获自由一般,活蹦乱跳,别提多精神了。看着高兴的女儿,妈妈心里突然产生一个想法:女儿说自己生病了,是不是故意骗人的,只是为了不去上学而已?

"晓月……"

"怎么啦妈妈?"晓月边玩儿边说。

"你是不是在骗妈妈?"妈妈看着她的眼睛,严肃地说。

"什么……没有啊,我就是生病了,干吗骗您啊?"晓月说话时头一直不敢抬起来,而且情绪明显低落了很多。

"你最好不要骗妈妈,否则妈妈会很失望的!"看到晓月的反应后妈妈就明白了,但是为了保护女儿的自尊心,妈妈没有继续批评她。自此以后,晓月再也没有出现过类似的情况,也不敢轻易在妈妈面前撒谎了。

生活中,几乎所有的孩子都撒过谎,当家长第一次发现孩子撒谎时一定要重视起来,不能掉以轻心,否则会错过最佳教育时机,给了孩子第二次、第三次撒谎的机会,慢慢地孩子就会养成爱撒谎的习惯。

孩子撒谎的原因有很多。首先是家长或老师不允许孩子说实话。比如妈妈问孩子,"宝贝,你说妈妈这件衣服好看吗?"孩子明明觉得不好看,但为了博得妈妈的高兴,便撒谎说:"很好看。"而这时妈妈真的非常高兴,而且还奖励他。所以,有时候爱撒谎的习惯也是从说善意的谎言开始的。还有,有的家长自身就喜欢说谎,孩子天天和父母待在一起,当然会受到一定的影响,变得爱撒谎。所以家长要以身作则,不能轻易在孩子面前撒谎,也不能强迫孩子说谎,否则会给孩子的性格和人格形成带来不良的影响。

有时候孩子撒谎是为了躲避责任,因为他们知道,如果承认了错误,肯定会被老师和家长责骂,所以干脆不承认。

赵小豪在学校踢球时不小心把教室的窗户玻璃打碎了,当时一起玩儿的几个伙伴都说:"没事,就说不知道是谁干的,反正也没人看见。"小豪一想,也对,否则又要被妈妈骂了。

第二天,老师发现玻璃碎了以后便生气地问:"说,是谁干的?"

班里鸦雀无声,没有人站出来承认错误。

"张梅,昨天放学以后谁是最后离开学校的?"老师问班长。

"我也不清楚,我走的时候还有赵小豪他们几个,后来就不清楚了……"班长回忆着说。

"你别血口喷人,不是我们干的!"班长刚说完话,赵小豪就站起来大声说。

"我又没说是你们干的,你嚷嚷什么!"老师严肃地盯着他。

好孩子不是惩罚出来的
——优秀家长的教育方法

"我只是不喜欢别人诬赖我……"赵小豪不说话了,赶紧坐下。

"放学以后你们做什么了?"老师问。

"踢球……不过,玻璃碎了与我们无关。"赵小豪意识到自己说错话了,赶紧解释了一句。但是这一举动无非是"此地无银三百两",老师一听就知道具体情况了。

最后,老师请来了赵小豪的妈妈,让小豪妈妈赔偿了安装玻璃的费用。看到紧张地站在一旁的小豪,妈妈生气地说:"做错了事还不承认,我平时是怎么教育你的,是不是又欠揍啊?"

小豪一听,更紧张了,话都不敢说。

"小豪妈妈,其实,孩子犯错是很正常的,您只要好好说教就可以了,惩罚会增加孩子的恐惧感,所以孩子犯了错也不敢承认,因为他害怕又要被责罚,我的意思您懂吗?"看着被吓得有点颤抖的小豪,老师诚恳地对妈妈说道。

"哦,我懂了,我一直觉得严厉一点孩子就不敢犯错了,谁想到反而更严重了。"妈妈笑道。

对于犯了错的孩子,家长尽量不要过分责罚,因为这样会给孩子一种意识,要是承认自己犯错了,妈妈就会惩罚我,所以坚决不承认。久而久之,孩子就养成了爱说谎的坏习惯。所以,如果孩子勇于承认了错误,家长应该适当地表扬一下孩子,肯定孩子的诚实,然后再帮助孩子分析犯错的原因、找出解决问题的办法,让孩子不断地完善自己。

孩子说谎有时也是为了满足自己的欲望,比如想得到别人的钦佩、父母的赞赏,等等。

小龙在跳远比赛中得了第二名，他有些不甘心，对第一名的同学耿耿于怀。

"小龙，你是亚军啊，不错了。"同学们说。

"这有什么，要不是我不小心滑了一下，第一名肯定是我，我们的成绩只差一厘米。"小龙说道。

"真的吗？那是挺可惜的，没事，下次继续努力。"同学们鼓励他说。

其实，小龙和第一名的成绩差了将近十厘米，为了让同学们羡慕和钦佩他，他便说了这样一个谎话。

当孩子为了得到想要的荣誉而撒谎时，家长首先要肯定孩子的优点，告诉孩子，"你是有这个实力得到第一名的。"然后再让孩子明白，第一名的荣誉是要靠自己的努力得到的，不能用撒谎的方式来欺骗他人的赞赏，并鼓励孩子继续努力，争取下次取得更大的进步。

管教妙招

◎家长要以身作则，不能在孩子面前撒谎，也不可以强迫孩子说善意的谎言，因为这样会让孩子在无意中养成爱说谎的坏习惯。

◎当孩子犯错时，家长不要过分责罚，否则下次孩子犯了错就不会轻易承认了。对于敢于认错的孩子，家长要表扬孩子的诚实，然后再帮助孩子改正错误。

◎如果孩子为了得到一时的荣誉而撒谎，家长首先要肯定孩子的优点或

好孩子不是惩罚出来的
——优秀家长的教育方法

者实力,然后再告诉孩子,用撒谎的方式来赢得他人的赞赏是错误的,要自己努力去得到他人的赞赏。

用智慧劝导孩子做个节约"小专家"

如今,孩子们的生活大多比较富足,要什么就有什么,导致大多数孩子并没有节约的意识。我们经常看到很多孩子把漏了一个小洞的袜子扔进垃圾桶,用一大盆水洗一小件衣服,或者把半新的笔扔掉,随意在崭新的纸张上乱画等,虽然他们不是有心要浪费这些东西,但却造成了一定程度的资源浪费。

作为家长,要在日常生活中帮助孩子养成节约的好习惯,让孩子懂得珍惜食物和生活用品,从而认识到节约的重要性。

夏天一到,阿生就和家里的空调特别亲,无论是白天还是晚上都要开着,爸爸妈妈都觉得有点冷了,他却说:"哎呀,这么热的天,你们怎么会觉得冷呢?反正空调不能关,要不你们盖厚一点吧!"爸爸妈妈拿他没辙,只好由着他。

"妈妈,我的头有点疼啊,真不舒服。"有一天早上,阿生起床后嚷嚷道。

妈妈想了想,说:"肯定是着凉了,都是吹空调吹的,费电又伤身,以后别吹了。"

"不吹空调，那多热啊！"阿生很不愿意地看向妈妈，一只手还在用力敲打着额头，以缓解头痛。

妈妈拿着今天早上送来的电费单据，对他说："咱们家这个月的电费比上个月多了三百多元呢，都是你开空调闹的。"

"怎么可能啊，一个空调能那么费电吗？"阿生惊诧地问道。

"当然可能，你一回家就打开，而且还开了一个晚上，能不费电吗？"妈妈说。

"我不管，反正空调也不是我一个人用的，别找我说电费的事情。"阿生连忙推卸责任。"好吧，那咱们一家三口就平摊电费吧，你把自己每个月的零花钱贡献出来。"妈妈建议道。

"凭什么呀，我的零花钱本来就不多，现在还要交电费，我不干！"阿生生气地说。

"不想交电费，可以，以后就省着用电，晚上把空调关上。"看着阿生无奈的样子，妈妈给他出了个主意。

"好吧，以后我不开着空调睡觉了，可是，天气很热啊，怎么解决？"阿生问。

妈妈笑着对他说："没空调不要紧，冰箱里有很多冰块，你今天就试着用冰块来降降温吧。"

"什么，冰块！？"阿生无奈地耷拉着脑袋，心里暗想，我们的生活都回到古代了，降温只能用冰块。

不过这个办法还是挺管用的，家里用空调的时间大大减少了，电费也降低了，阿生总算保住了自己的零花钱。

一天，妈妈正在洗衣服，阿生看见妈妈把盛洗衣粉的袋子用水涮了好几

好孩子不是惩罚出来的
——优秀家长的教育方法

遍,他笑着说:"妈妈,一个空袋子您还要洗干净再扔啊?"

妈妈说:"傻小子,洗衣粉袋子上还残留了很多洗衣粉,这样可以节约一点。"

"至于吗?咱们家又不是买不起洗衣粉!"

"我不是心疼钱,而是心疼洗衣粉,你啊,什么时候才懂得节约啊!"妈妈无奈地摇了摇头。

故事中的阿生不是一个特例,这种浪费的现象也很普遍。当孩子浪费粮食或者生活用品时,父母不应该不管不顾,否则会让孩子浪费成性,而且他将来在管理自己的家庭时也会觉得棘手。

孩子有浪费的习惯,家长要注意管教,但不要用惩罚的方式。现在的孩子节约意识本来就淡薄,他们不认为自己有浪费行为,如果家长对他们又打又骂,"你看看你,就知道浪费,一点儿也不懂得珍惜!"他们不但不会改正,心里还会很不服气,"有什么了不起的,明天再买就是了!"所以,想要改掉孩子的浪费行为,让孩子成为节约小达人,家长还是要让孩子亲自体验一下生活,真正认识到节约的重要性。

暑假的时候,家长可以带孩子去自己上班的地方看一看,让孩子体验一下家长赚钱多么辛苦,如果孩子认识到了这一点,在生活中他就会有意识地节约一些。家长也可以带孩子去一些制作生活用品的工厂转一转,让他明白,一个碗、一个杯子甚至一根牙签的制作都需要经过很多道工序才能完成。一个碗一秒钟之内就能打碎,但是制作过程需要几万、几十万秒,如果孩子能够体会到每一样物品都是得来不易的,那么他也会注意节约,乃至珍惜生活用品。这种体验生活的方式远比惩罚孩子更有教育效果。

"在工作上，要向积极性最高的同志看齐；在生活上，要向水平最低的同志看齐。"这是雷锋的经典话语，意思是说，工作要努力，生活要节约，这种勤俭节约的精神已经影响了几代人，我们的家长也应让它在孩子身上继续传承。

孩子不可能天生就懂得如何节约，需要家长在生活中不断地教育。比如节约用水，家长要告诉孩子，节约用水不是限制用水，而是合理、高效率地用水。洗完脸的水可以用来洗脚，洗过脚的水可以用来冲马桶，洗了菜的水可以浇花，水龙头坏了要及时修理，等等。这些虽然都是一些小细节，但能够让孩子认识到，水是要节约的。电也是如此，家长要告诉孩子，家里的电器和灯具都是节能的，灯要及时关，衣服要泡过了再用洗衣机洗，夏天空调的温度不能调得太低，等等。还有节约燃气、粮食等生活细节，家长都可以慢慢地告诉孩子，一点一点地让孩子树立节约的意识，并懂得节约的道理。

除此之外，家长还可以让孩子多看一些关于贫困地区的报道，让孩子了解到中国，乃至世界上还有许多资源紧缺的地方，自己节约一点，那些贫困地区就可能多得到一点。

管教妙招

◎当孩子浪费粮食或者一些生活用品、水电等时，家长不要一味地训斥和说教，应该注重体验，让孩子认识到节约的重要性。比如带孩子去看一看父母是如何辛苦赚钱的，看一看工厂是怎么生产生活用品的，等等。

◎父母应该在日常的生活中向孩子传授一些节约水、电、燃气等的小技巧，逐渐让孩子产生节约意识，懂得节约的道理。

好孩子不是惩罚出来的
——优秀家长的教育方法

◎还可以让孩子看一些资源紧缺的地方的报道，用同情心唤醒孩子的节约意识。

不用惩罚，孩子也能有计划地学习

孩子的学习一直是家长非常关心的问题，每位家长都希望自己的孩子是优等生，但是，很多孩子都不能如父母的愿。为此，有的家长会对自己的孩子非常严格，动不动就又打又骂，以为这样就能让孩子提高成绩，其实这种教育方法只会起到反作用，让孩子越来越厌学。聪明的父母不会因为学习的事情惩罚孩子，他们知道，只有让孩子爱上学习，并掌握一定的技巧才能够提高成绩。

金哥学习一向是胡子、眉毛一把抓，一点计划都没有，成绩自然不太好。为此，爸爸和妈妈都很担心，想了很多方法帮他改正错误，可惜效果都不明显。

一次，妈妈向朋友诉说："我那个儿子啊，学习根本没计划，成绩总是不见进步，愁死我了！"

朋友说道："我的女儿之前也是一样的，后来就改掉了。"

"是吗，你用了什么方法？"金哥妈妈兴奋地问。

"你还记得我上学的时候有什么习惯吗？"朋友笑着问。

金哥妈妈想了想，说："哦，记起来了，你有好多小笔记本，专门用来记录自己各种计划的。"

"对，学习的计划、生活的计划、工作的计划，我都有，这个习惯我现在还在坚持。"朋友得意地说。

"可是这和你的女儿有什么关系？"金哥妈妈问。

"当然有了，一次，我女儿不小心看到了我的这些笔记本，觉得很好玩，于是就模仿我，开始给自己写各种小计划，后来这种方法便用在了学习上，所以成绩一直不错。"

"你的意思是让我也开始写生活和工作计划吗？"金哥妈妈问。

"当然不是，我是让你帮助孩子形成这种随时计划的习惯，不过，你也可以做个榜样。"朋友笑道。

"嗯，他要学习，我也得跟着写计划，真是烦人！"金哥妈妈发愁道。

"你看看，妈妈都是个没有计划习惯的人，孩子怎么能学好呢！"朋友嘲笑道。

金哥妈妈听了也觉得有些不好意思。回到家后，她给儿子准备了几个笔记本，说"儿子，从现在开始给自己写学习计划，每天看一看，提醒自己学习要有条理。"

"可是很麻烦啊，我怕坚持不下来。"儿子皱起了眉头。

"没事，妈妈陪你，妈妈也开始写计划，我们一起进步。"妈妈笑道。

"好吧，不过您得坚持下来，否则我会半途而废的。"

"没问题，妈妈不会让你失望的。"

有了计划后，金哥的学习成绩果然有了进步，而妈妈的生活也更有条理了。

孩子天生是好玩儿、爱动的，如果没有家长的教育，生活也没有什么条理，学习就更不用说了。想要提高成绩，制订学习计划是一个较为可行的办法。但是，孩子的心性还没有稳定，做事常常三分热度，所以很难坚持下来，为此家长就要给他们一些精神力量，告诉他们明确了目标才能够实现目标，而故事中的金哥也为我们验证了这一点。一个具体可行的计划能够让孩子消除迷茫、提高学习效率，而且可以让孩子在一个阶段结束后通过实际和计划之间的差别扬长避短，从而不断进步，并养成良好的学习习惯。就像荀子说的，"不积跬步，无以至千里；不积小流，无以成江海"。每一个大目标都是在实现无数个小目标的基础上实现的，而每一个小目标也是经过无数个小步骤积聚才达成的。

家长要提醒孩子先了解自己的学习内容，然后根据实际需要制订相应的学习计划，什么内容是主要的、次要的，什么内容要细看、粗看等，有了计划之后学习起来就不会盲目了。

孩子刚制订计划时难免会有不完善、不合理的情况出现，这时候家长就要帮忙了。家长可以先让孩子结合自身的情况制订一份学习计划，然后家长再对其不合理的地方进行指正，让孩子不断地对计划进行完善。制订好学习计划表以后，家长还要随时督促、辅导，让计划表真正起作用。如果孩子按时完成了计划，并且实现了目标，家长应给予适当的奖励，这样可以激励孩子不断地进步，取得更好的成绩。

除了有计划之外，家长还要让孩子懂得管理自己的学习时间。

小桃这次考试很不理想，在考试的过程中，她有好几门课程的试卷都没有答完。其实那些题目她都会做，只是没有分配好考试时间，直到交卷了还有好几道题没有写完。

回到家以后小桃很伤心，哭道："妈妈，为什么我总是做不完题呢，这样下去，我的学习可怎么办呀？"

"别担心，妈妈会帮你的。"妈妈知道女儿有这个毛病，便到学校找老师帮忙。而老师也传授给妈妈一个很好的方法，妈妈决定试一试。

"桃桃，从今天起，咱们要学会控制自己的时间。"妈妈说。

"控制时间，时间怎么控制啊？"

"我们来制订一个时间表吧，把每天必须做的事情都写下来，接着再给自己规定一个标准时间，然后严格按照时间表的安排来作息，怎么样？"妈妈提议道。

"这样能管用吗？"

"当然，相信妈妈。"

母女俩坚持了很长时间，慢慢地，小桃写作业的时间缩短了，学习效率也提高。在后来的几次考试中，小桃对考试时间的把握也比较准确，很少出现做不完题的情况。

做个时间表，用时间来约束孩子的遐想和小动作，能够慢慢提高孩子把握时间的能力。对时间有了较为准确地把握后，孩子的学习效率自然就能提高，成绩也会上升。而且孩子还能够正确、合理地安排自己的学习、游戏时间。

除了有学习计划和时间表外，家长还要注意让孩子学会提高课堂学习效率，而集中注意力听讲就是一个提高效率的好办法。培养注意力，家长可以先从孩子喜欢的课程入手，如唱歌、小实验等，一般在自己喜欢的课程上，孩子的注意力就比较容易集中，持续的时间也比较长。然后家长可以和孩子

好孩子不是惩罚出来的
——优秀家长的教育方法

一起讨论这样学习的好处，以提高孩子的学习兴趣，促使他在其他课程上也提高效率。

管教妙招

◎家长要提醒并帮助孩子制订较为合理的学习计划，监督孩子按照计划学习，不但能够提高孩子的学习成绩，也可以培养孩子的意志力和逻辑思维。

◎帮助孩子制订时间表，这样可以提高孩子把握时间的能力，从而正确、合理地安排自己的学习、游戏时间。

◎家长要注意培养孩子的注意力，这样可以提高孩子的课堂学习效率，从而省却很多课下功夫。

孩子学习，养成好习惯胜过打骂教育

面对成绩较落后的孩子，有的家长总是说："你怎么这么笨啊，每次都不及格？"其实，孩子成绩的好坏一般情况下与智力无关，而是与学习习惯的好坏有关。我们发现，学习习惯较好的孩子总能轻而易举地考高分，而学习习惯不好的孩子则相反，经常是废了很多功夫，但成绩依然不理想。想要提高孩子的学习成绩，家长不能一味地责备孩子"笨"、"傻"或者惩罚孩子，而要帮助孩子养成良好的学习习惯。

"儿子，你从来不用笔记本吗？"在检查儿子作业的时候妈妈发现儿子的书包里几乎没有笔记本。

"不用！"儿子干脆地回答。

"我知道了，你很聪明，根本用不着记笔记……"话还没有说完，妈妈便看到了儿子的成绩表，"你的语文只有62分，数学79分，英语43分……这个成绩，也不能证明你很聪明啊。"

妈妈有点不高兴了，问道："为什么不做笔记呢？"

"我从来没有做过，也不会！"儿子答道。

"你说的还挺干脆的，不会也不能不记啊，你小时候还不会穿衣服呢，那为什么现在会了？凡事都是可以学习的。"妈妈说道。

"我觉得记笔记没用。"

"怎么会没用呢？好记性不如烂笔头，老师讲课的时候，你要把重点记下来，这样才好复习啊。"

儿子说道："课上的东西我都听懂了，而且也没有什么重点可以记。"

"胡说，都听懂了成绩还这么差？"妈妈生气地说。

"我真的听懂了，也不知道为什么考试总是考不好。"

"你当时的确听明白了，但还没有深入理解，所以才要在课后进行复习，这样才能巩固知识。可是课后复习是离不开笔记的，有了笔记复习起来才更方便。"

听了妈妈的教导后，儿子答应道："好，我会学着记笔记的。"

妈妈高兴地说："这才是我的乖儿子。"

第二天，妈妈认真看了看儿子的笔记，真是又可笑又可气。

好孩子不是惩罚出来的
——优秀家长的教育方法

"儿子,我不得不佩服你的勤奋,你居然把老师说的每一句话都记下来了。但是,这样记是不对的!"妈妈无奈地说。

"我本来就不会记嘛,我已经说过了。"儿子说道。

"可是,那也不能这样记啊……"妈妈无语地摸摸额头,实在是不知道说什么好。

记笔记是很必要的,不但可以提高课堂学习效率,还有利于减轻复习负担。但是,很多孩子不会记笔记,常常盲目地记录老师的话语,不但课上的内容没有吸收,课下复习起来也很棘手,反而降低了学习效率。就是故事中的儿子一样,把老师课上的每一句话都记下来,其实这样是没有多大意义的。

对于不会记笔记的孩子,家长没必要对其进行训斥,因为训斥一百次不如告诉他一次记笔记的方法。家长要告诉孩子,在做笔记的时候,不能只顾低头书写,而要注意听课,当老师说到重点知识和自己不懂的难点时才需要记下来,这样才方便课后复习。当孩子全身心记笔记时,一堂课下来,他也只能记住老师所讲的内容的一半。而记录重点和难点,则能消化绝大部分知识。家长还要提醒孩子,记笔记时提高写字的速度,不必要求工整和语句通顺,只要自己认识,能记住其中的意思就行。如果必要的话,家长可以传授给孩子简单的速记方法,让孩子形成自己的笔记风格。

除了记笔记之外,经常总结错题也是一个很值得培养的学习习惯。有的孩子经常做错同类的题目,每次考试都要丢分,这就是不善于总结错误造成的。很多孩子做错了题,却不知道错在哪里,而且这次知道了原因,下次做类似的题时还会出错,为此老师和家长都十分头疼。我们也知道这是孩子不善于归纳总结的缘故,但是纠正起来往往效果不明显。原因在于孩子不知道为什么总结、怎么总结,没有形成归纳总结的逻辑性思维。

面对"屡错不改"的孩子,家长不能太过严厉,也不能因心情急躁而讽刺、嘲笑孩子。要知道,孩子正是通过纠正错误来提高自己各方面的能力的,从另一个角度来说,孩子犯错也是一件好事。因此,家长要耐心教导孩子形成归纳总结的逻辑性思维。

为了让孩子更清楚地认识、总结自己的错误,家长可以给孩子准备一个错题本,让孩子把每个科目的错题都抄下来,总结错误的原因和解决方法,然后家长再进行一些必要的指点。一段时间后,孩子就不会再做错同一类的题目了,这样也能帮助孩子巩固知识,提高成绩。

此外,家长还应该让孩子重视课前预习的作用,养成课前预习的好习惯。研究表明,孩子在课堂的注意力只能坚持10~30分钟。换言之,孩子在课堂上的学习时间只有部分是有效的。如果孩子在业余时间进行预习,那么课上就会进行有目的地听课,抓住重点和难点听,从而提高学习效率。

对于预习,家长也可以传授给孩子一些技巧。首先,家长要弄清楚孩子的预习情况,比如孩子预习时是敷衍了事,还是专心细致;是否进行思考,是否参考工具书尝试自主解决问题等;然后再根据孩子的具体情况进行辅导和督促。长此以往,孩子就可以养成良好的学习习惯,即使没有家长的督促和辅导,他也能进行系统而有效的预习。

管教妙招

◎正确地做笔记能够帮助孩子提高复习效率,家长应该督促孩子积极做

笔记，而且要传授给孩子一些做笔记的技巧，比如记重点和难点，提高记笔记的速度，等等。

◎家长可以给孩子准备一个错题本，让孩子记录下自己经常出错的题目，不但能够加深孩子的印象，还可以培养孩子归纳总结的逻辑性思维。

◎家长要让孩子重视起课前预习的作用，预习不但能提高孩子的课堂学习效率，还可以培养孩子的自学能力和独立思考能力。

第六章
激发孩子的正能量，
胜过惩罚和说教

正能量对于每个人来说都是很重要的，特别是孩子。如果家长能够从小培养孩子的正能量，孩子就会变得正直、勇敢、乐观、积极向上，而这些品质能够让孩子接受更多的挑战，取得更大的进步。孩子的正能量离不开家长的悉心培养，因此，在日常生活中，家长要尽量注意自己的言行，不要以打骂来解决孩子的不听话和错误。

不吵不骂，更易于培养出乐观的孩子

生活中，有的孩子很乐观、很开朗，做事情也比较积极，而有的孩子却很自闭，平时不喜欢和别人交流，经常一个人躲在自己的角落里，看起来就像患有孤独症一样。孩子之所以会出现这样的情况，很大的因素是来源于家庭。一般情况下，如果父母经常吵架，孩子就会受到很大的影响，或者极端、偏激，或者自卑、自闭，不论是哪种现象，相信家长们都不愿意看见。为了让孩子能有一个乐观向上的心态，家长们应该想办法把自闭的孩子从孤独的深渊中拯救出来。

曾经的雪姬很乐观、很开朗，走到哪里就有她的笑声，同学们都说她是个没有忧愁的快乐天使。但是，雪姬最近变了。

"雪姬，你来回答这个问题。"一次课上，老师提问道。

"呃，呃，我不知道……"雪姬一改往常的爽快，突然变得支支吾吾起来。后来连续好一阵子都是这样。老师以为她最近学习效果不好，但是测验的时候，她的答案却是正确的。

老师以为是自己提问的声音太大，吓到她了，所以后来提问时便把声音减小了。"雪姬同学，你能回答这个问题吗？"

"……"雪姬站起来，一句话都没有说，而且显得有些紧张不安。

"这么简单的问题都不能回答吗？"老师问道。

好孩子不是惩罚出来的
——优秀家长的教育方法

"……"又是一阵沉默,雪姬始终低着头,好像自己犯了什么错一样。

雪姬的情况日渐严重,老师觉得这有些不正常了,就把她带到了学校的心理咨询室。

通过了解雪姬的基本情况,心理老师说:"这孩子很可能是患上自闭症了。"

"什么!?"老师吓了一大跳,赶紧和她的父母联系。

"雪姬患上了轻微的自闭症,请问你们知道吗?"老师问雪姬的父母。

"什么,自闭症?我们不知道啊!"雪姬的父母也很吃惊。

"这是刚检查出来的结果,我觉得和家庭有关系,所以就向您二位了解一下情况。"

雪姬的父母听了都不觉得红了脸。原来雪姬的父母最近经常吵架,而且,吵架时总会把"战火"波及雪姬。更让雪姬痛苦的是,他们前段时间还离婚了。

经历了父母离婚的打击以及无辜挨骂后,雪姬患上了轻微的自闭症。

"这都是我们的错。"雪姬的父母听到这个结果后十分自责,他们没有想到自己的因素会给孩子带来这么大的影响。

雪姬的事情并不是特例。在我国,患上自闭症的孩子还有很多,而且孩子的患病比率比成人要高得多。先天患有自闭症的孩子语言能力较差,不能和他人进行正常的语言交流。而后天患有自闭症的儿童语言能力会出现倒退,与人沟通也会出现障碍。有的孩子在患上自闭症后,智力也会大幅度下降,表现出低智商、零思考等症状。总之,自闭症对孩子的成长很不利。

长期生活在不和谐家庭环境中的孩子,往往性格比较消极,夫妻不和、家庭暴力等情况让孩子不得不长期压抑自己的情绪，再加上不知道怎么向他人寻求帮助，很容易将真实感情封闭在自己内心深处。慢慢地，就导致孩子不愿和人交流，以至于丧失语言能力，产生自闭性格。

如果发现孩子有自闭症的倾向了，父母就要想办法来改变这一局面。作为父母，首先要给孩子的就是更多的陪伴，用关爱来打开孩子紧闭的心灵。

小鹿的爸爸几乎每天都在出差，妈妈的应酬也很多，都没有什么时间陪伴她，所以小鹿总是一个人待在家里，除了写作业就是睡觉，每天都过得很冷清、很孤单。起初她只是不爱说话，到后来情况就越来越严重了。

这天，妈妈突然发觉，她和女儿有段日子没有说过话了，所以便推掉了一切应酬，早早地就回到家亲自下厨为女儿准备了一桌丰盛的晚餐。

谁知道，女儿放学回来后，只是看了她一眼，然后就回自己的房间了。

"小鹿……"妈妈还没有来得及说话，小鹿房间的门已经关上了。这之后，不管妈妈怎么和小鹿套近乎，她都总是一个人待在房间里，不是摆弄玩具就是发愣。

"我的小鹿是怎么啦？"妈妈一直很不解。

"小鹿，我们一起出去吧。"一次妈妈想带她去看心理医生。

小鹿看了她一眼，没有说话。

妈妈拉着小鹿的手，说："小鹿，走吧，家里没意思，我们出去走走。"

小鹿没有反抗，直接跟着妈妈到了医院。

"你的孩子患有自闭症啊。"医生说道。

这个结果妈妈已经猜到了，"那该怎么治疗呢？"

"没有什么快速的办法，只能在平常的生活中多陪陪她，慢慢让她开心

乐观起来。"医生说道。

自闭症在家庭不和谐的孩子身上很易出现，是目前世界上最受关注的一种儿童心理疾病，具体表现为孩子情感、语言、思维等多方面行为发育障碍。如果孩子患上了自闭症，不但影响孩子正常的社交生活，对激发孩子的正能量也会有很大的影响，因此，家长要特别关注出现自闭倾向的孩子。

当孩子有自闭的倾向时，父母要经常陪伴在孩子身边，耐心地跟孩子交流，主动和孩子进行沟通，要想尽一切办法，让孩子开口说话，并且要让孩子主动聊关于他的事情。当孩子愿意和父母交流、把心里话讲出来时，这表示他的病情已经有所好转，只要父母再多关心他一点，多鼓励他开口说话，那么，孩子的自闭症就能够治愈了。同时，父母还要注意给孩子营造一个温暖的家庭环境，和谐的家庭能够给孩子带来更多的快乐，而快乐能够让孩子远离自闭。

城市里的孩子生长环境比较封闭，更易让孩子产生阴郁心理。所以，父母应多带孩子去户外玩耍，并鼓励他和朋友们多亲近大自然，让孩子充分享受生活的乐趣，由此变得更加乐观向上。

当父母发现孩子有自闭症状时，应该尽快寻求专业人士的帮助，如心理医生，儿童教育专家等，让他们帮助自己一起把孩子领出自闭的深渊。

管教妙招

◎发现孩子有自闭倾向时，家长不可以斥责、打骂，要多抽时间陪伴孩子，让孩子感觉到来自父母的爱，从而慢慢走出孤独的角落。

◎要让孤独的孩子享受自由的快乐，比如经常带孩子外出玩耍，让孩子多接触大自然，从而领会生活的美好。

◎孩子有自闭倾向时，家长应该咨询心理医生或者儿童教育专家，尽快帮助孩子变得开朗、乐观起来。

孩子有梦想，家长才更欣慰

曾经有人感慨，"苍天啊，请赐给我正能量吧，好让我对抗这险恶的社会。"孩子还没有深入接触到社会的"险恶"，不过他们倒是经常遇到挫折，失败后往往会放弃梦想、放弃追求，所以，孩子很需要正能量，好用来对抗生活中的各种挫折、失败，朝着梦想进发。

丁丁和小乔是一对无话不谈的好朋友，但是有一天，小姐妹俩突然闹起别扭来。

"有什么大不了的，不就是抄一下你的作业吗，至于这么小气吗？"丁丁生气地对小乔嚷道。

"不是我不给你抄，是这样对你没有好处，反正还有时间，你自己写不是更好吗？"小乔解释说。

"分明就是你小气，我以后再也不理你了，你也别来找我玩儿！"丁丁生气地说。从此，两个好伙伴就谁也不理谁了。

事后，丁丁非常后悔。没有了小乔的陪伴，她的心情每天都很郁闷，想去承认错误又怕丢面子，所以一直都躲着小乔。

好孩子不是惩罚出来的
——优秀家长的教育方法

"爸，我和小乔吵架了，我说了再也不理她，但是，这不是我的本意，我该怎么办啊？"丁丁问。

"很简单，向小乔道歉啊。"爸爸看着她说。

"可是，万一她不原谅我呢，多没面子啊，我不想去。"丁丁撅着嘴说。

"是面子重要还是你们的友情重要？如果她不原谅你，你们顶多保持现状，但是如果她接受了你的道歉，你们就可能会恢复以前的关系。"爸爸鼓励丁丁说。

"可是……"丁丁还是有点犹豫。

"你要多向前看看，不要把事情想得那么悲观。你可以告诉自己，小乔一定会原谅我的，这样就不会太紧张了，而且小乔真的会原谅你的。"

"真的？"丁丁不敢肯定。

"不要想那么多，只要告诉自己：她会原谅我，那么，你一定会拥有去道歉的勇气。"

听了爸爸的话后，丁丁开始不停地在心里告诉自己：小乔会原谅我，我们会和好，会变得比以往更好……

有了这样的暗示，丁丁觉得自己自信多了，第二天一到学校，就找到小乔道了歉。而小乔果然愉快地原谅了她，两个人的关系变得比以前更好了。

"除了肉体的，痛苦都是人想出来的。"这句话是法国启蒙思想家卢梭说的，意思就是，人本来没有那么多痛苦，之所以会感到痛苦，很多情况下都是人类在自寻烦恼。那些在挫折面前恐惧、烦恼的孩子们便是如此。生活经验丰富的父母应该帮助孩子正确认识生活中的烦恼，并提醒孩子们，自我暗示能够增加自信心，让孩子对未来充满希望，变得有理想、有追求。故事中的爸爸就是用这种方法来培养孩子积极面对挫折和烦恼的。

积极向上的孩子看待问题的眼光往往都是乐观的,他们的目光始终盯着前方,即使遇到很棘手的问题也不会轻易颓废,而且他们坚信,只要自己能向前看,大步地往前走,肯定可以找到解决问题的方法,创造出属于自己的辉煌未来。事实证明,有梦想、有追求而且能够做到一切向前看的孩子,一般都比较有主见,也更容易在未来取得成就。当孩子受挫折和被烦恼所困时,家长不要打击孩子,更不能大声训斥,否则会让孩子一蹶不振。

榜样的力量是巨大的,当孩子遇到挫折时,家长可以给孩子讲一些名人或身边的人战胜挫折的事例,让这些人的一切向前看,积极面对人生的生活态度影响和鼓舞孩子,给孩子指引方向,并带给孩子巨大的精神力量。

除此之外,家长还可以用其他有效的办法来鼓励孩子,让孩子把目光放远,比如转换思维模式,从侧面或者反面来看问题,从失败中找到希望,从痛苦中看见快乐。

敏敏最近很不顺利,经常做错事,心情也受到很大的影响,她甚至认为自己很没用,什么都做不好,整天唉声叹气的。

"敏敏,你这几天怎么总是闷闷不乐啊?"妈妈问道。

"我最近倒霉死了,什么都做不好,呜呜……"敏敏说着说着就哭了起来。

"这孩子,遇到困难是好事儿啊,有什么可难过的?"妈妈笑着说。

"好事?"敏敏不解地问。

"你知道什么是'否极泰来'吗?"妈妈问。

好孩子不是惩罚出来的
——优秀家长的教育方法

"就是坏事过后好事就会来到。"敏敏回答。

"那你还难过什么？这证明你可以吸取教训，把以后的事做好。快把眼泪擦了，这么大了还哭鼻子呢！"妈妈笑着说。

"好像是啊，反正就算再遇到困难，我也觉得是家常便饭，没什么大不了的了。"敏敏想。以后，再遇到挫折，她就会马上想到"否极泰来"，心里的压力和不快就减轻了不少。

故事中的妈妈用巧妙的方式帮助女儿排遣了消极情绪，不但帮助女儿走出失败的阴影，还增进了亲子关系。可见，父母的教育方式和思维模式对孩子的影响是不可低估的。在孩子遇到挫折的时候，如果父母只是一味地指责孩子没出息，不能及时给予他们积极向上、向前看的正确建议，那么孩子的性格也会因此变得消极，在面对困难的时候一味退缩，缺少向前冲的动力和勇气。

父母在教育孩子向前看的时候，应该尝试多种方式以便从中找到最适合孩子的方法，培养孩子一切向前看的积极人生态度。当然了，父母教孩子学会向前看，并不是单纯地让孩子看向前方，好高骛远，而是包含了对孩子的爱和期望，希望孩子不被挫折打败，不走回头路。

管教妙招

◎在日常生活中，如果孩子遇到了挫折，但又不敢面对时，家长应该教给孩子自我暗示的方法，让孩子告诉自己，"我一定可以"，以此来增强孩子的自信心，让孩子勇敢地面对挫折。

◎当孩子走不出失败的阴影时，家长要帮助孩子找到排遣消极情绪的方法，比如正面引导、侧面鼓励等，慢慢培养孩子一切向前看的人生态度。

告诉孩子"你能行"，让孩子不再自卑

生活中不乏自卑的孩子，他们做事总是扭扭捏捏，不敢表现自己，甚至认为自己一切都不如别人。当别人夸奖他时，他也总会觉得自己受不起这样的夸奖，让人看起来很没有底气。面对自卑的孩子，家长经常感到来气，有时还会生气地说："你真是没用！"自卑的孩子还有一个特点，就是心思细腻、很敏感，虽然家长的一句"你真是没用"只是气话，但他们往往能够记很长时间，而且真的觉得自己很没用，于是更加自卑。

杨絮其实是个很优秀的孩子，但她自己并不觉得，而且经常认为自己是最差的，所以很少参加班里的各种活动，害怕拖班级或者小团队的后腿。

一次，妈妈的朋友王阿姨要来家里做客，妈妈便笑着说："你王阿姨是特意来听你弹钢琴的，你晚上要给我们弹上一段啊！"

"不行，我弹得不好，我不弹。"杨絮赶紧摆摆手。

"没关系，王阿姨不会笑话你的。"妈妈鼓励她后说。

杨絮越想越不安，心想，我肯定弹不好。于是赶紧跑回房间，一遍一遍地练着钢琴，好像要参加什么大型的钢琴演奏比赛一样。

过了一会儿，妈妈在客厅叫道："闺女，快出来，王阿姨来了！"

好孩子不是惩罚出来的
——优秀家长的教育方法

杨絮听了很紧张，半天才从房间里走出来。

"哎呀，怎么这么慢，快点，王阿姨都等了半天了！"妈妈不高兴地说道。

"听说杨絮很会弹琴，给我弹一段吧。"王阿姨笑着说。

"我不会，还没有学好呢！"杨絮低着头说。

"老师说你学得很好，怎么不会呢？就弹一小段，没什么可紧张的。"妈妈说道。

"可是我真的不会，我弹不好……"杨絮搓着自己的双手，依旧低着头说。

妈妈板着脸训斥道："真是没用，这点胆子都没有，以后还指望你能做什么！"

杨絮没有说话，低着头偷偷地哭了。

"你真是的，孩子不想弹就算了，你怎么还对她发火？"王阿姨对妈妈说。

"你不知道，这个孩子真是的，这样的性格，以后怎么适应社会啊！"妈妈无奈地说。

"孩子以后会变好的，你别硬强迫她。"王阿姨又对杨絮说："孩子，到阿姨这儿来。"

杨絮坐到王阿姨的旁边，心里既羞愧又不安。

故事中的杨絮是个很自卑的孩子，她经常否定自己，连自己的特长也没有勇气在别人面前展示，为此妈妈感到很失望，经常对她发火，而这一做法让她更加自卑。自卑可以说是一种心理缺陷，是儿童常见的问题之一。在一般情况下，自卑的孩子会有害羞、不安、内疚、忧郁、失望等情绪体现，而且不敢跟人打招呼，不敢大声说话，过分内向；做事没有主见，喜欢说"我不会"、"我不行"；不参与学校的竞赛，不敢在他人面前表现自己；胆小怕事，等等。如不及时调整，会给孩子带来很大的危害。

自卑的孩子总是过于看低自己，觉得自己各方面都不如别人。其实孩子有这种心理并不完全是自身的原因。由于孩子很小，对自己的看法和评价都不成熟，所以很多观点都是源于成人的，可以说孩子的自信心形成与家长有密切关系。所以，在日常生活中，家长应尊重孩子，尽量给孩子更好的评价，以免孩子产生自卑心理。

生活中自卑的孩子有很多，通过调查发现，造成这些孩子产生自卑心理的因素大部分源于父母。很多家长对孩子抱有过高的期望，总是拿孩子的短处跟别的孩子的长处比较，指责孩子不如别人。长期如此，孩子感受不到成功的喜悦，就会怀疑自己的能力，从而产生自卑心理。所以，家长要及时调整自己的教育方式，不要盲目地拿孩子进行比较，应该善于发现孩子的长处和优势，并为孩子提供发挥长处的机会和条件，这是帮助孩子克服自卑心理的关键。

自卑的孩子还有另外一个表现，就是做事没有主见，凡事都要向家长求助，一旦失去家长的帮助，做什么事都会不顺利。因此，想要让孩子改变自卑心理，家长应尝试去培养孩子的独立性。让孩子去做一些力所能及的事情，或者为孩子制造一些锻炼自己能力的机会。比如让孩子自己去超市购物，让孩子打一次小零工，让孩子参加一次娱乐活动等，帮助孩子掌握一些基本的能力，从而逐步建立起自信心。

此外，如果孩子一直在为改变自己的自卑而努力，家长就要重视起鼓励

好孩子不是惩罚出来的
——优秀家长的教育方法

的作用,当孩子取得进步时,哪怕是一个小小的进步,家长也要及时鼓励孩子,这样能够有效地帮助孩子摆脱自卑的阴影。

"妈妈,老师想让我参加作文比赛,可是……"小齐话说了一半又停下了。

"好啊,这是好事,有什么可是的?"妈妈简单地说。

"可是我害怕,万一表现得不好怎么办?"小齐低着头说。

"你看看你,不就是个作文比赛吗,又没有让你参加奥运会,瞎紧张什么,真是没出息!"妈妈说。

小齐听了很难过,心想,我真的很没有出息。

小齐没有退出比赛,但是在写作文的时候,她的耳朵旁边不断地响起妈妈尖刻、刺耳的话,"真是没出息!"因此状态很不好。

"你的作文比赛成绩怎么样?"过了几天,妈妈问道。

"不怎么样。"小齐低着头回答。

"你啊,真是笨到家了,什么都做不好!"妈妈生气地说。

"对,我什么都做不好!"小齐说完便哭着跑进了自己的房间。

"本事不大,脾气还不小。"妈妈还在客厅里絮叨着。

故事中的小齐不敢参加作文比赛,她本来想得到妈妈的鼓励,谁知妈妈却批评了她,这对小齐的信心是一个很大的打击。为此她不但比赛失利,连对妈妈的态度也冷淡了很多。当孩子不敢接受挑战时,家长不可嘲讽和批评孩子,而是要有意识地用"你能行"、"我们相信你"、"你很聪明"之类的鼓励性语言为孩子打气,这种方法可以让孩子感受到家长对自己的信任,从而获得自信，战胜恐惧心理，勇于接受挑战。

管教妙招

◎对于自卑的孩子，家长不能总是拿孩子的缺点和其他孩子的优点进行比较，这样只会让孩子的自卑意识越来越强，进而影响孩子良好性格的形成。

◎自卑的孩子有时表现为缺乏独立意识，所以家长可以在日常生活中锻炼孩子的独立能力，比如让孩子自己去购物、打零工等等，孩子的能力提高了，见识广了，自然就会变得自信起来。

◎对于自卑的孩子，家长应该多给予一些鼓励。当孩子不敢面对挑战时，家长要说"你能行"、"你一定可以"等，让孩子从心理上战胜恐惧，获得自信，从而勇敢地接受挑战。

孩子的正能量需要父母用"爱"激发

如果心灵美，那么看到的事物就是美好的，如果心里阴暗，看到的事物便是丑陋的。所以，对于一些愤世嫉俗的孩子，家长们不要再认为那是孩子成熟的表现或者真性情的表达，因为这有可能是孩子厌恶生活、厌恶社会的反应，而这一反应有可能来源于家庭的影响。愤世嫉俗的行为也会影响孩子正能量的释放，所以，如果发现孩子愤世嫉俗了，家长一定要想办法让他转

好孩子不是惩罚出来的
——优秀家长的教育方法

变这种观念，要使孩子重新热爱生活、热爱社会。

李克从小就很优秀，不但成绩好，而且还多才多艺，经常参加学校里的各种娱乐活动和体育活动，是女生们心目中的"白马王子"，男孩们眼中的硬汉代表。

不过，最近李克有点奇怪。在学校里，他没有以前那么高兴了，好像看谁都不顺眼，在家里也总是抱怨这不好、那不好，典型一个愤世嫉俗的青年。

"您不知道，我们班班主任特别偏心，今年的'三好学生'只有一个名额，她一句话都没有说就给了赵阳，我们都特别不服气。"李克吃饭的时候愤愤地对爸爸妈妈说。

"可能是那个同学太优秀了吧。"妈妈说道。

"什么呀，他就是马屁精，学习成绩一般，人品也不好，他要是能当'三好生'，我就是全国的优秀团员！"李克生气地说。

还有一次，李克对爸爸说："我们班有个同学特别神气，天天指使这个，命令那个的，看见他就烦！"

"为什么呀？"爸爸问。

"仗着自己家里有钱呗，他爸爸每天都开车来学校接他回家，有什么可炫耀的！"李克不高兴地说。

"或许是他爸爸担心他路上有危险才去接他的。"爸爸说。

"才不是呢，他们一家人素质都不高，肯定是到学校里来炫富的！"

"可是，也不一定啊……"爸爸说。

"肯定！我早就听说了，他爸爸做生意一点都不老实，谁知道他们的钱是怎么赚来的！"爸爸还没有说完话，李克便肯定地说。

"你怎么这么看问题呢，是不是有点极端了？"

"不极端，这个社会就是这样，好人能赚钱吗，只有坏人才能赚大钱、当大官，我早就知道了。"

"你这个孩子，怎么变得这么……"

"这么黑暗对不对，你们大人啊，就是不喜欢我们实话，以后我多说假话就是了，反正这本来就是一个谎话连篇的社会。"李克说完便回自己的房间了，也不和爸爸打招呼。

爸爸摇摇头，搞不懂孩子为什么变得这么愤世嫉俗，好像全世界的人都对不起他一样。

愤世嫉俗是说，当一个人觉得社会现实、习俗等不合理时，就会表现出愤怒和憎恶的感情，这是一种偏激的想法。在生活中，有些孩子一遇到不和自己心意的事情便大发牢骚，甚至破口大骂，这也是愤世嫉俗心理的表现。如果一个孩子经常做出愤世嫉俗的行为，那么他的心理慢慢会变得阴暗，对任何事情都失去信心，整个人也会颓废起来，这对他身心的健康成长十分不利。故事中的李克便是个典型的愤世嫉俗的孩子，虽然年纪轻轻，但好像已经"看破红尘"，在他的眼中，似乎一切都是丑恶的，所以他总是发牢骚，抱怨这个社会不公正、不公平。

事实证明，如果父母经常对孩子进行打骂教育，那么孩子愤世嫉俗的可能性就会增高。父母对孩子不满，认为孩子这不好、那不好，孩子就有可能对社会、家庭、学校不满，觉得所有的人都对不起他。所以，如果孩子出现了愤世嫉俗的行为，家长就要反省一下自己的教育方式，也许是家长的批评

好孩子不是惩罚出来的
——优秀家长的教育方法

和打骂让孩子的人生态度发生了畸形的变化。

世上没有无缘无故的恨，孩子憎恨这个社会也自有他一定的道理。当家长意识到孩子有愤世嫉俗的偏激行为时，不要一味地指责孩子说"你这个孩子真怪"、"你不许再这样"等话语，而是应该心平气和地和孩子谈一谈，了解孩子到底为什么事情愤愤不平之后，再为孩子分析其中的道理，引导孩子学会接受。其实，孩子出现愤世嫉俗的行为，除了与家庭教育方式有关之外，还与孩子的自身因素相关。有的孩子对自己的要求很高，总是希望自己能够达到某一高度，但是如果没有实现，内心的失望就会逐渐转化成对他人的不满，然后慢慢变得愤世嫉俗起来。如果是这一原因，家长就要引导孩子降低对自己的要求，或者鼓励孩子不断努力，争取实现自己的愿望，如果孩子梦想成真了，那么他的自信心就会大增，对这个社会也会有一个较为正确的认识。

功利性的教育方式很容易诱发孩子愤世嫉俗。在日常生活中，大人经常问孩子"这次考试得了多少分"、"在班里的名次靠前吗"等，大人们总以为这是在关心孩子，其实，这会在很大程度上引起孩子的反感。为此，有的孩子还会理解为："每天都唠唠叨叨的，真烦人，就只看重成绩，根本就不关心我。"

其实，孩子有这样的想法也是正常的，家长试想一下，如果身边的人总问自己"每个月工资是多少"、"有多少存款"等，相信家长也会觉得不满。所以，作为家长，除了给孩子好的学习环境外，还应该在其他方面多给孩子一点爱，时常和孩子交流沟通，耐心倾听孩子的心声。家长不能总是以大人的标准衡量孩子，不能总认为自己是对的，否则，孩子会感到受拘束，会变得消极，甚至怀疑或仇视周围的一切。

当孩子对自己的生活现状感到不满，或者对自己当前所做的事情没有兴趣、而又不得不做时，他也会有愤世嫉俗的表现。

遇到这种情况时，家长应该及时了解孩子的兴趣所在，然后再给孩子创造机会去做他想做的事情，并积极给予他支持和鼓励，让他感受到父母对他的关心和支持。

对于愤世嫉俗的孩子来说，运动可以让他们发泄心中的不满，让他们的身心都得到放松。所以，在日常生活中，家长应该多鼓励孩子去运动。还可以参与其中，比如和孩子一起跑步、打篮球、踢足球等，不但能够帮助孩子发泄不满情绪，还可以拉近亲子之间的距离。

管教妙招

◎当孩子出现愤世嫉俗的行为时，家长不要一味地责骂，而要弄清楚孩子愤世嫉俗的原因，然后再根据具体情况引导孩子改变生活态度。

◎功利性的教育容易导致孩子出现愤世嫉俗的行为，所以家长不要总是询问孩子的成绩、名次等，要多与孩子沟通，倾听孩子的心声，多给孩子一点关爱。

◎当孩子总是做自己不感兴趣的事情时，他很容易出现愤世嫉俗的行为，因此，家长要创造机会让孩子去做自己想做的事情，这样能够让孩子重新喜欢上生活、喜欢上社会。

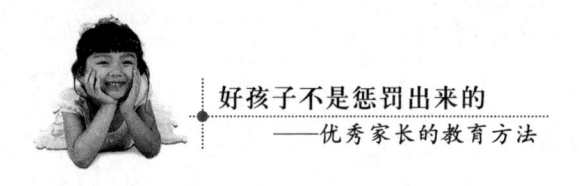

好孩子不是惩罚出来的
——优秀家长的教育方法

孩子的自信不是打骂出来的

想要让孩子充满正能量，家长就要想办法增强孩子的自信心，因为"自信是成功的第一秘诀"、是成就一个优秀孩子的法宝。但是，生活中有的家长却不愿意给孩子一些自信，在他们看来，打击和责骂才能激励孩子上进，其实，这种教育方式并不完全正确。的确，对于有的孩子来说，家长和老师的打击确实更容易激发出他的爆发力，让他奋勇向前，取得更大的进步。但是，对于大多数孩子而言，鼓励的效果会更好。所以，孩子在做一件事情时，家长要给孩子一些鼓励，不但能够让其感到快乐，也能让其自信起来，从而取得成功。

林木说话时有点口吃，经常被同学们当场取笑。虽然他的成绩很好，却因此有点不自信。

其他人笑话也就算了，关键是林木的父母也经常利用这一点来开他玩笑。林木觉得很没面子，渐渐就失去了说话的自信，不管别人说什么，他都只是简单地点点头或者摇摇头，基本上不怎么说话。

一天，赵叔叔来找林木，想让他给自己的儿子补补课。

"我儿子成绩太差了，林木能不能帮帮他。"赵叔叔笑着说。

"我……我……"林木刚想说"我可以试试"，谁知道自己还没有开口，爸爸却接过话茬去。

"我儿子嘴笨。学习好是不假，但只要一开口就露怯了，你还是另请高人吧。"

"不会的。"赵叔叔看了看林木，问："林木，别听你爸爸胡说，你要是答应，我明天就把我儿子带过来和你一起学习。"

"我……看……"

"老赵，听见了吧，我可没骗你，到时候一道题讲一个小时，非把你儿子急死不可。"爸爸笑着说。

听了爸爸的话，林木的心瞬间就沉到了底儿，也觉得自己会像爸爸说的那样，到时候多丢人现眼啊。

"我……我不行，您……还是找别人吧。"林木羞得满脸通红，赶紧跑回了自己的房间，后面传来爸爸的一阵笑声。

美国的一位教育专家曾作过这样一个实验：将几个学习成绩较差的学生当作优秀学生对待，再将几个优秀学生当作问题生来教，一段时间下来发现，原先学习成绩较差的几个学生都取得了进步，而那几个原本优秀的学生却都退步了。原因就在于学习差的学生受到老师的鼓励，自信心大增，学习的积极性也大大提高；相反，优秀的学生受到老师的冷落，自信心受到挫伤，以致转变学习态度，成绩反而下降了。因此，自信是非常重要的，不仅成人需要自信，孩子也是如此。家长应该从小培养孩子的自信心，这样才能让他们在将来更好地适应这个竞争激烈的社会。

孩子是否自信和家长有很大关系。我们都知道，家长是孩子的第一任老师，也是孩子最重要的老师，在日常生活中，家长的行为一直影响着孩子，

好孩子不是惩罚出来的
——优秀家长的教育方法

而孩子则会在潜移默化中学习和模仿家长的一言一行。家长要培养孩子的自信心，首先就要做孩子的楷模，先树立起自己的自信心，不管遇到什么困难，都要表现出信心十足的样子。当孩子遇到挫折的时候，家长还要适当地鼓励一下孩子，说一句"你一定能做好"、"你肯定会成功"，家长的肯定和信任能够增强孩子的自信心，帮助孩子战胜困难。

一般情况下，比较自信的孩子和父母的关系都比较好，父母经常把他们当作朋友或者生活伙伴，有什么事都会和他们商量，孩子在家中有很强的主人翁意识，因此总是表现得很自信。相反，如果家长经常训斥或是用粗暴冷淡的态度对待孩子，孩子就会觉得父母不喜欢他、不尊重他，时间久了，孩子就会产生消极情绪，逐渐对周围的人和事丧失主动性和热情，从而变得没有自信。所以，家长在教育孩子的时候，要采取正确的态度，不要事事苛责孩子，以免造成孩子自卑、极端的不良性格。

月考成绩出来了，玲珑特别高兴，因为她这次进步了。

"妈妈，我进步了，我进步了！"刚进家门玲珑就高兴地嚷道。

"考了第几名啊？"妈妈冷淡地问。

"13名。"玲玲笑着回答。

"才13名啊，还没有达到我的要求呢。"妈妈不高兴地说。

"可是，我进步了10名呢，老师都夸我了。"玲珑委屈地说。

"老师是老师，谁考了第一名她都高兴，可是，妈妈只有在你考了第一名时才会高兴，懂吗，赶紧去学习！"妈妈大声说。

"可是，我真的进步了……"玲珑红着眼圈说。

"我说了，得了第一名再来和我邀功，现在赶紧去学习，争取下次考第一名。"妈妈严肃地说。

玲珑的眼泪在眼睛里直打转，但一直没有哭出来，她拿着自己的成绩单回到房间，趴在床上伤心地哭起来。"坏妈妈，以后我再也不进步了，谁想考第一名谁考去，反正我也不稀罕……呜呜……"

故事中玲珑学习成绩取得了进步，不但没有得到妈妈的表扬，却遭到了妈妈的指责，这让她很伤心，索性放弃了进步的欲望。家长们都是"望子成龙"的，但是有些家长对孩子的要求太高了，不但没有激励孩子取得进步，反而让孩子越来越没有学习的积极性。因为如果家长给孩子设定的目标和要求大大超过了孩子的能力范围，这样一来孩子就会经常受到失败的打击，屡战屡败会让孩子对自己失望，甚至怀疑自己的能力，这样对孩子建立自信心是十分不利的。所以，家长在给孩子设定目标的时候要以孩子的基础为依据，让孩子每次前进一小步，在成长的过程中不断进步。当孩子达到目标之后，家长还应表扬孩子，让孩子体会到成功的喜悦，这样有助于培养孩子的自信心。

管教妙招

◎家长是孩子的第一任老师，家长的一言一行都会成为孩子的模仿对象，所以家长自信了，孩子也会跟着自信起来。

◎家长要调节自己和孩子的关系，不能动辄打骂孩子，而要像向朋友一样和孩子相处，经常和孩子商量家中的一些事情，让孩子参与家庭会议，培养孩子的主人翁意识，这样能够增强孩子的自信心。

好孩子不是惩罚出来的
——优秀家长的教育方法

◎家长要根据孩子的具体情况为孩子设定目标,这样孩子才容易体会到成功的喜悦,而且孩子取得成功后,家长要及时表扬孩子,从而培养孩子的自信心。

第七章
规则教育，让孩子明白不能随心所欲

世间万物都有其规则。在我们的生活中，如果触犯了法律法规，就会受到相应惩处，但孩子并不知道这些。父母如果不从小对孩子进行规则教育，那么孩子会一直认为自己是自由的，没有任何规则可以约束他。久而久之，孩子就会变得没礼貌没规矩，严重时还会触犯法律，不得不接受惩处。因此，父母要从小就对孩子进行规则教育，让孩子明白规则的重要性。

让孩子遵守家规，不能仅靠打骂约束

李赛带着儿子去朋友家玩，朋友拿出一个玩具模型对李赛说："这可是进口的，花了我不少钱，买来送给我儿子玩的，你看看怎么样？"

李赛称赞了两句，正要把玩具送回朋友手里，李赛的儿子却突然探过头来说："这不是那个知名品牌的模型吗？叔叔，能让我看看吗？"

"可以啊，你喜欢就送给你玩啊。"朋友客气了一句，没想到儿子还当真了，激动地抱着玩具模型说："真的送给我了吗？"

"呃……"朋友愣了一下。

李赛赶紧对儿子说："这是叔叔送给他儿子的礼物，你现在看一看就行了，改天爸爸也给你买一个。"

"可是，我就想要这个啊。"儿子抱着模型不肯松手，气氛顿时有点尴尬。

李赛没想到儿子会这么不听话，以前他只是在家里"作威作福"，没想到在外面也这么不懂规矩。

"快把玩具还给叔叔。"他命令道。

"可是叔叔已经说要送给我了啊！"儿子不听。

"你是不是想挨打了？快还给叔叔。"李赛扬了扬手，儿子委屈地撅起了嘴，说："不还！"

好孩子不是惩罚出来的
―― 优秀家长的教育方法

朋友见这父子俩越闹越僵，只好忍痛把玩具让给了李赛的儿子，说："算了，只是一个玩具，我再给儿子买一件就是了。"

"这多不好意思……"出门在外，李赛也不好当众发火，只好掏出钱包要给他钱，但被朋友怎么说也不收，一场聚会不欢而散。

很多父母面对孩子的要求时总是有求必应，只要孩子一哭闹，就算再难的事情也会答应下来，逐渐让孩子养成了很多不良习惯，其中就有不懂规矩，不会察言观色，更不懂得尊重他人。

如今，孩子已经成了每个家庭的生活重心，父母在教育孩子的时候，常常以称赞和鼓励为主，当孩子犯一些小错误时，父母要么视而不见，要么批评一两句就算了。当孩子的错误问题越来越严重时，他们才想起来要惩罚孩子，对孩子又打又骂。但这样的教育方法不但没有奏效，反而往往出现反效果。

孩子的这种反应也是情有可原的，每个人都喜欢听好话，当父母经常赞美和表扬孩子的时候他当然高兴，反之则会产生抵触心理。但这并不意味着孩子可以随心所欲。在孩子犯错、不懂规矩的时候，父母不应视而不见，适当的批评教育是必需的，但又不能过于严厉。这个度父母应该如何把握呢？

父母可以设立一套赏罚分明的"家规"，一切按"规矩"办事，让孩子明白，人活在这个世界上并不是能随心所欲做事的，父母不会无条件满足孩子所有要求的。

从朋友家回去后，李赛越想越觉得儿子的行为没有规矩，但说他他又不听，其他的教育方法他又想不到，难道要打他一顿才行？可为了这么一点小事，就去打儿子，他心里真有点舍不得。

这一天，李赛带着儿子去超市，儿子想要一个新书包，李赛说："你不是才买了书包吗？"

"那个我不喜欢，爸爸，你就给我买了吧，否则我就找妈妈要去，她肯定会买给我的。"

"下次吧，下次给你买。"李赛不想买，只好敷衍儿子。

但儿子却不依不饶，说："下次是什么时候啊？我就想现在要，你就买给我吧。"

李赛见书包质量确实不错，只好说："那下不为例啊！"

"嗯，下次我绝对不要了。"其实，这样的"下不为例"儿子已经听了很多次了，在他看来，这句话代表的是他心愿即将达成的信号。

后来，儿子每次要东西，李赛都会说"下不为例"，渐渐的，儿子变得越来越没规矩，见了他的亲朋好友就会要东西，很多朋友都因此疏远了他。

有一次李赛真的很生气，动手打了儿子，有一个关系不错的朋友听说这件事后，对他说："你这样不行，你得给你儿子立立规矩，不能他要什么，你就给什么！"

李赛恍然大悟，原来自己一直以来这样教育孩子是错误的，太失败了！一定要改过来。

父母总是担心孩子会受委屈，因此对孩子的不合理要求，往往也会答应下来。而这种时候，父母用得最多的便是"下不为例"等"口头禅"来"警告"孩子下次不能再这样做了，但下一次，父母还是用这句话来回应孩子的不合理要求。

好孩子不是惩罚出来的
——优秀家长的教育方法

久而久之,孩子做事便没了"规矩",没完没了地要东西、做错事。因此,父母应该从小就为孩子制定一个有赏有罚的"家规",明确告诉孩子,哪些东西该要,哪些东西不该要,哪些事情能做,哪些事情是错误的,不能做。把这些规则仔细地罗列出来,不仅能约束孩子的行为,让孩子变得有规矩,还能让孩子心有期待,当他拿到想要的东西后,会很有满足感。

比如,当孩子要某件玩具时,父母可以告诉他,当他做到某件事后,才能给他买玩具。这样,当孩子达成目标,拿到玩具后,会更加珍惜"得来不易"的东西。这是因为当父母提出规矩后,孩子就会开始渴求着某样东西,想要得到它的时间越长,到手后的成就感和兴奋度就越大。需要注意的是,父母不能借家规来欺骗孩子,拒绝孩子时要坚决,答应孩子的也要尽力办到,这样才能让孩子体会到"规矩"的重要性,养成良好习惯,以便长大后自觉遵守社会的规则。

听了朋友的建议,李赛为儿子制定了一个详细的"家规"。上面列出了儿子可以做什么,不可以做什么,也设立了详细的奖罚制度。

一开始,儿子对这个"家规"十分抵触,无论李赛说什么,他还是我行我素,该要的东西就是要得到。

李赛摆出严父的态度,不再惯着他,直到他渐渐接受并依照"家规"来做事。

一个月后,李赛觉得儿子变了很多,就没再像以前那样严格要求儿子了,凡事只要他做得不太过分,就睁一只眼,闭一只眼,渐渐的竟又开始随便答应儿子的要求了。

时间一长,儿子也察觉到"家规"只是个摆设了,便不再约束自己,见了好东西就想要，又变得没有规矩了。

可见，凡事不能"三天打鱼，两天晒网"，这样只会一事无成，甚至更糟，父母在教育孩子时，更是如此。"家规"一旦制定就要坚持下去，不能因为宠爱孩子，就违反"规定"，放弃原则意味着对孩子的成长更为不利。另外，父母在为孩子制定"家规"时应根据孩子的情况"量身而定"，应做到张弛有度，赏罚分明，既不能因为宠爱而对孩子的错误熟视无睹，也不能不分青红皂白而打骂犯错的孩子。

管教妙招

◎没有规矩不成方圆，想要让孩子成长为一个有礼貌，懂规矩的人，父母就应为孩子制定奖罚分明的"家规"。

◎执行"家规"时，父母不能因为宠爱孩子而违反原则，视"家规"为无物。

◎"家规"应张弛有度，不能过于苛刻，也不可随心而欲，要清晰明了，让孩子知道：你能做到，家长就会满足你的合理要求，做不到就免谈。

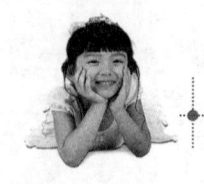

好孩子不是惩罚出来的
——优秀家长的教育方法

家规第一条是做个有责任心的人

小曾是个很热心的男孩子，他很喜欢帮人做些力所能及的事情，本来这是一件好事，但他有些缺乏耐心，如果是长时间做一件事情，他就会"虎头蛇尾"，要么应付一下就交差，要么直接放弃不做了。

这一天，小曾的妈妈准备泡腊八蒜，刚坐下来剥点蒜，一个电话打过来，她不得不出门一趟。

"我来帮你剥，妈妈。"小曾自告奋勇地站了出来。

妈妈称赞了他两句，把剥蒜的活儿交给小曾后，就急急忙忙出门去了。

晚上，当妈妈拖着疲惫的身体回到家后，刚想说把蒜泡起来时，却发现小曾并没有帮她把蒜剥好。

"这是怎么回事？"妈妈生气地把小曾叫了过来，问他："你不是说要帮妈妈剥好吗？为什么没有剥？"

"太难剥了，我就不想剥了。"小曾回答道。

妈妈说："那妈妈走之前，你是怎么对我说的？这是你自己主动要求要做的事情，为什么要半途而废？"

"可是蒜味很大啊……"小曾虽然有些心虚，但并不觉得自己犯了多大的错误，他说："再说，这本来就是妈妈准备做的事情，我好心要帮你，你怎么还怪我没做好呢？"

"你这孩子，竟然还敢顶嘴。"妈妈又累又气，随手抓起沙发上的靠垫向儿子砸了过去。

小曾虽然躲开了妈妈的"攻击",但他心里却不好受,认为妈妈太大惊小怪了,也闷闷不乐地回到了自己的房间,决定和妈妈"冷战"一段时间。

爸爸下班回家听到这件事后,本来想"修理"儿子一顿的,但后来想了想,他翻出了一本书,书里介绍的是小曾最向往的国内的一所知名军校。

"儿子,你不是一直想读这所军校吗?"

"对啊,以后我一定要考上这所学校,做一名出色的军人。"

"但是你现在这个样子,是不合格的,学校是不会收你的。"爸爸面无表情地说道。

"为什么?我哪儿做得不好?"

"因为你没有责任心,不管在哪里,责任心是最重要的,一个没有责任心的人是不合格的,是不被需要的。"爸爸说。

小曾见爸爸说得这么严重,觉得十分沮丧,想想以前答应别人却没完成的事情,还有今天惹妈妈不开心的事情,确实很没有责任心。

"我……那我要怎么做呢?"他问。

爸爸说:"这样吧,咱们家不是一直都有'家规'吗?以后,'家规'的第一条就是做人要有责任心!具体怎么做,爸爸会告诉你的,怎么样?"

"这样就能合格了吗?就能进这所学校了吗?"

"起码能为你多加一分,只要你付出努力,自然会有收获的。"

"好,我会努力的!"小曾开心地说道。

故事中,小曾的爸爸以小曾的爱好为出发点,教育他要做一个有责任心的人。不仅在中国,而且在美国也有一所军校特别注重学生的责任心培养。

好孩子不是惩罚出来的
——优秀家长的教育方法

这就是世界最负盛名的军事院校之一美国西点军校。很多美国孩子都以成为西点军校中的一员为自己的梦想，但即使你成绩出色，还是有可能被拒之门外的。这是因为西点军校会对即将入校的学生进行重重考验，第一关就是关于责任心的测验。

西点军校成立于1802年，一直以"职责、荣誉、国家"作为他们的重要校训，并且一直将"职责"置于首位，十分注重培养学生的责任感和使命感。在新生入校的第一天，教官就会把校训的意义郑重告诉学生，要求他们明白自己的使命，自觉履行职责，做一个有责任心的人。而对于那些不遵守校训的学生，学校会对其进行严厉的处罚，严重者还会将其逐出校门。在这所学校中，责任心是评判一个人的重要依据，他们认为，一名没有责任感的军官是不合格的军官，一位没有责任感的士兵更是不称职的士兵。

现在的孩子因为父母的宠爱，变得越来越没有责任感，凡事依靠父母解决，总认为自己并不会为任何错误承担责任。殊不知，在现实生活中，不仅仅只是西点军校对学生有这样严厉的要求，社会上的各行各业也都喜欢聘用有责任感的人担当重要职位。

但是，一个人的责任感并不是一朝一夕就能培养出来的，父母应该从小就对孩子进行细心教导，从小就培养孩子的责任心。

那么，父母该如何培养孩子的责任心呢？依靠单纯的说教和打骂肯定不行，教导孩子还是需要技巧的。

王典今年已经小学六年级了，作为一个成绩优异的男孩子，王典的父母本该十分自豪，但实际上他们对于儿子的种种表现，却十分头疼。

"妈妈，快帮我把东西收拾一下。"这天刚吃过饭，王典就把妈妈叫到了房间，妈妈一看，房间里的一个角落，一瓶墨水弄洒了，满地都是。

"这是怎么一回事？"

"我不小心弄洒了，妈妈你帮我收拾一下，我还要写作业呢。"

"哎……"妈妈听后叹了口气，去厨房拿了抹布刚要收拾，爸爸就走了过来，看到那滩墨水后，就对正在边玩边写作业的儿子说："为什么你不自己收拾？"

"我还要写作业啊。"王典理直气壮地说。

"你可以收拾完再写作业，自己要对自己的行为负责任。"

"可是……我没时间……"王典胡乱说道。

爸爸听了他的理由十分不高兴，便冷着脸说："那妈妈也没时间。"

王典愣住了，不知所措地看着爸爸。

爸爸停了一会儿，才放缓声音说："做人要有责任感，要为自己的所作所为负责任，如果现在是爸爸不小心弄洒了东西，让你收拾，你会怎么想？"

"我……爸爸弄洒的凭什么让我收拾？"

"那你弄洒的为什么让妈妈收拾？"

王典说不出话来，想想爸爸的话确实有点道理，如果是爸爸的错，他肯定不愿意帮他收拾"烂摊子"。

别人的错为什么要他买账？

"妈妈，我自己收拾，收拾完我再写作业。"王典慢慢移到了妈妈面前，拿过了她手里的抹布。

一个人不仅要对身边的事负责，更重要的是要对自己负责任。在上面的

好孩子不是惩罚出来的
——优秀家长的教育方法

故事中,王典弄洒了墨水却让妈妈帮忙来擦,虽然父母照顾孩子天经地义,但如果父母包办孩子的一切事情,只会让孩子变得随心所欲,不懂得为自己的所作所为承担责任。

王典的爸爸做得很正确,他既没有宠着儿子,也没有打骂他,而是用真实的设想和他讲道理,用实例告诉他做人要承认责任。

另外,在培养孩子的责任心时,父母还可以用游戏来教育孩子。比如,和孩子玩军官游戏,孩子当军官,父母当兵,让孩子安排"作战"方案,负责整场"战役"。一般孩子对这种游戏会十分感兴趣,当上"主帅"的孩子为了胜利,肯定会承担起责任,努力做好部署的。如果胜利,就能让孩子获得成就感,如果输了,父母就可以趁机教育孩子要负起责任。游戏之余,父母还要多鼓励孩子做一些力所能及的事情,培养他责任心的同时提高他的动手动脑能力。

管教妙招

◎当孩子做事缺乏责任感时,父母不应对孩子大声责骂,而要心平气和地讲道理,也可以运用实例来教育孩子,让孩子了解责任心的重要性。

◎父母可以用玩游戏的方法让孩子担当责任人,安排游戏的一切事项和进展,告诉他就算是游戏输了,也要为自己和同伴负责。

◎父母可以在为孩子制定"家规"的时候,把责任心列在第一位,让孩子了解责任心的重要性,逐渐培养孩子的责任感。

让孩子明白遵守规则是一个人的本分

俗话说：没有规矩，不成方圆。在这个世界里，我们需要遵守的规则有很多，但孩子却不懂这些，他们因为父母的宠爱，从小就认为自己是自由的，想做什么就可以做什么。

孩子的这种观念和父母平时的教育有关。有些父母对孩子不守纪律、无视规则的行为要么一笑了之，要么严厉指责，使孩子对"规则"概念的理解并不是十分透彻的，甚至还会产生误解。

因此，父母应该从小就培养孩子遵守规则的习惯，告诉孩子不能无视规则，要让孩子明白只有尊重规则，规则才会保护他的道理。

儿子小涛最近让小王很头疼，因为他发现儿子总是不遵守社会规则，比如闯红灯、插队、抄同学作业，等等。

晚上，小王又发现儿子在抄同学作业，他很生气，真想揍儿子一顿，但想了想，他觉得这样做不但起不到教育儿子的作用，还有可能起到反效果，就放弃了。

小王想了一夜，终于想出了一个教育儿子的好方法。

儿子很喜欢吃楼下的油条，第二天一大早，他晨练的时候就和邻居们打好招呼，如果看到儿子去买油条，就过去插队，拦着他不让他买。邻居们听了他的用意后，纷纷表示愿意帮助他。

好孩子不是惩罚出来的
——优秀家长的教育方法

就这样，晨练结束后的小王把钱交到儿子手里，让他下楼吃早餐。

楼下的早餐点生意火旺，小涛排了好几分钟队，才轮到他买。可他刚要掏钱，旁边就挤过来一位叔叔要买油条。

他生气地看了叔叔一眼，没说话。等到叔叔买完后，他刚要开口，又有个阿姨来插队，之后又有两个邻居来插队，他终于忍不住了。

"你们懂不懂规矩，为什么总插队？"

"这不是小涛吗？前几天我去超市买东西，你不是也插队了吗？"

小涛一听就愣住了，想想平时自己确实一着急就插队，觉得心虚，便埋头不再说话了。

但这件事对小涛的影响并不大，他之后依旧我行我素，总是不遵守社会规则，直到有一天，他因为带同学闯红灯，害得同学被自行车撞了。

"这次事件，你就是帮凶！"小王十分生气，幸好撞人的是辆自行车，如果冲过来的是辆汽车，后果不堪设想。

小王气得真想揍儿子一顿，他深吸了好几口气，才渐渐平静了下来。

"我怎么就成帮凶了，爸爸你太夸张了。"小涛有些害怕，现在想想当时的行为，确实十分严重，幸好同学只是擦伤，没有大碍。

小王见儿子也在反省自己的行为，便趁机教育道："儿子，守规则不仅能约束人们的行为、维持秩序，也是一种责任。遵守交通规则可以保证人身安全，遵守社会秩序可以让事情有条不紊地进行，遵守特定规则可以让你免受社会惩罚。你看电视新闻上经常有闯红灯引发车祸的报道，这些都是没有遵守规则的严重后果，犯错的人不仅会受到惩罚，还有可能付出生命的代价，你愿意变成这样吗？"

小涛连忙摇头，生命是宝贵的，他也不想犯错后受到严厉的惩罚，他隐约觉得，爸爸所说的社会的惩罚和他平时在家里受到的惩罚完全不是一回事，社会的惩罚将会是更加严厉和严肃的。

小王继续说道："你不遵守规则，那么你就得不到保护。这次事件，你真的要为自己的不负责任而承受相应的后果了。"

小涛听后，连忙对爸爸说："爸爸，我明白你的意思了，从今往后我一定会做个遵守规则的人。"

爸爸点了点头，从那以后，小涛变了很多，不插队，不闯红灯，看到犯类似错误的人还会过去和他讲道理，纠正他的错误行为。

他常对那些犯错的人说："你不遵守规则，虽然爸爸妈妈可能不会惩罚你，但是社会会惩罚你的。"

父母要让孩子知道，在规则面前人人平等。只有你遵守规则，才会受到保护，得到别人的尊重。很多伟人都十分注重遵守规则。周恩来在求学时期去图书馆借阅古书，但这些书比较珍贵，工作人员告诉他："馆内有规定，珍贵书籍一律不外借，只能在馆内阅读。"周恩来听后没有任何抱怨，而是找到自己需要的书籍后，认真地阅读了起来。

遵守规则是一个人享有权利和义务的保证，也可以看出一个人是否有责任心的重要依据。一个责任感强的人肯定会遵守社会规则的。但遵守规则的习惯并不是一朝一夕便能形成的，父母应该从小就对孩子进行规则教育，让孩子明白遵守规则的重要性。就像故事中的小涛一样，因为他总是不遵守规则，以致出现问题，害得他的同学受到了伤害，而他不仅会自责，还要为自己的行为负责，承担事故责任。

在孩子成长的过程中，一旦父母发现孩子有不遵守规则的行为，一定要

及时纠正，防止孩子过于"自由"，变成一个无视规则、缺乏责任心的人。

另外，父母的日常行为对孩子影响很大。因此，在教育孩子的时候，父母不能只要求孩子反思自己的行为，还要审查自己的行为举止，是不是也随便插队，乱闯红灯了。如果有这类行为，一定要马上改正，为孩子树立好的榜样。父母还可以通过电视、电影教育孩子做一个遵守规则的人。比如，电视、报纸等对一些不懂规矩的人进行批评的报道，父母可以带着孩子一起看。当看到类似情节后，就可以趁机教育孩子，增加孩子对规则的重视程度，让孩子知道，遵守规则并不是他自己的事情，还有可能关系到整个国家的形象。

当然，有时候只和孩子讲道理，他可能听不进去，这时候父母不要急着去批评和训斥孩子，可以为孩子在"家规"中加入一些小规则。比如，不写作业不能出去玩，不吃饭不准吃零食，不遵守"家规"就罚抄十遍，等等。

总而言之，父母一定要让孩子了解规则的重要性，告诉他在社会中该如何遵守这些规则，如果孩子的行为是正确的，父母不要吝啬自己的夸奖，要对孩子的行为给予肯定和尊重。也可以让他自己做个规则制定者，父母配合孩子，遵守孩子制定的某些小规则，让孩子在获得成就感的同时，学会遵守小到家庭、学校大到社会的规则。

管教妙招

◎父母首先要做的就是加强对孩子的规则教育，让孩子明白"遵守规则，是一个人的本分"的道理。

◎父母在对孩子进行规则教育时，不能"威逼利诱"，过于严厉的指责会让孩子产生抵触心理，更加不愿意遵守规则。

◎父母可以在"家规"中加入一些小规则，让孩子逐渐养成遵守规则的习惯。

不惩罚，让犯错误的孩子勇敢承担责任

在孩子成长的过程中，大多数父母最头疼的就是孩子经常犯错误，大错小错总不断，父母又急又气，又打又骂外加讲道理，似乎没有一种教育方法是管用的，这让父母十分发愁。其实，孩子犯错是很正常的事情，因为孩子的好奇心很强，对错观念还不是十分清楚，又缺乏自制力，自然会忍不住"搞破坏"、"做错事"。

犯错是孩子成长的必经之路。哪个孩子在小的时候没有犯过错、闯过祸呢？但父母在对待孩子犯错时的态度，将影响孩子的成长。有些父母为了不让孩子犯错，总是责骂和惩罚孩子，在他们看来，孩子是"不打不成材"的，但事实却相反，父母的打骂只会让孩子想尽一切办法逃避责任。

如果孩子长时间生活在父母的责骂中，那么，当他犯错后为了避免受到父母的责罚，往往就会想一堆理由和方法推卸自己的责任，变得越来越没有责任感，没有担当。"人非圣贤孰能无过"，没有哪个孩子不会犯错，问题的关键是孩子犯错后，父母该怎样教育孩子，让他勇于承担责任，为自己的错误买单。

好孩子不是惩罚出来的
——优秀家长的教育方法

贝贝是个"贪吃鬼",每次父母都会为她买一堆好吃的,但怕她吃太多零食会影响健康,所以总是控制她吃零食的量,每天只让她吃一点。

这对贝贝来说是件很痛苦的事情,明明知道家里有零食,却找不到,吃不到,太折磨人了。

这一天,贝贝在家里找东西的时候,不小心打翻了一个塑料桶,扶起来一看,里面竟然全是她爱吃的零食,贝贝赶紧拿起两包,高兴地吃了起来。但是她又怕爸爸妈妈发现,就把零食藏到其他地方,只好每次只偷偷拿一点,然后躲到房间里吃。

一个星期过去了,贝贝因为每天都偷吃零食,正餐都吃不下去了。爸爸妈妈一开始还担心她生病了,发现她没事后,爸爸产生了怀疑,打开放零食的桶一看,里面竟然已经快见底了。

"你每天都在偷吃零食?"爸爸生气地问她。

贝贝见爸爸不高兴了,十分害怕,低着头不说话,不想承认是自己偷吃了零食。

"不想承认吗?是不是要爸爸打你,你才会承认自己的错误?"爸爸平时最讨厌女儿说谎,所以他一生气,贝贝就躲到了妈妈身后。

妈妈平时最疼她,赶紧说:"是我偷吃的,最近我闲着没事,就吃了点儿。"

"贝贝,你说,是这样吗?"爸爸已经转身开始找"惩罚"的工具了,贝贝见了吓得都快哭出来了,"是我吃的,我不小心打翻了桶,看见里面有零食,就偷偷吃了。"

见女儿终于承认了自己的错误,爸爸叹了口气,对她说:"贝贝,做了错事就要勇于承担,如果凡事都躲在别人身后寻求保护,那你怎么能成长为一个独立坚强，敢作敢当的人呢？"

"嗯，我明白了，以后再也不敢了。"

见女儿认识到了自己的错误，爸爸又看向妈妈，说："你今天也有错误，你替她承担错误，不是在帮她，而是在害她。如果今天她因为你的庇护而逃了过去，那么以后当她遇到错误时，就不会意识到自己应负的责任，我们应该教育她做个有担当、勇于承认错误的人，不能依靠别人解决问题。"

妈妈和贝贝听后都低下了头，承认了自己的错误。

上面的故事中，贝贝害怕父母的责骂，因此不敢承认自己的错误，但在爸爸的"施压"下贝贝还是选择了坦白，承认零食是自己偷吃的。虽然故事中的爸爸方法有些"粗暴"，但之后他的讲解，以及"大公无私"，连贝贝妈妈都教育的举动，让孩子得到了安慰，觉得连妈妈都会犯错，也会挨爸爸的批评，我犯个错为什么就不敢承认呢？

孩子的成长不是一朝一夕完成的，而是只能通过日常生活中的小事来教育，逐渐培养孩子要勇于承担责任。父母要首先让孩子明白自己的错误错在哪，告诉孩子承担责任的重要性。在孩子犯错的第一时间，父母就要对其进行批评教育，既不能"秋后问斩"，也不能"大发雷霆"，这些方法有可能让孩子养成拖沓及逃避责任的习惯。父母要让孩子知道，逃避错误是不可取的行为，只知道逃避责任不仅会损害自己的利益，还会连累别人。当孩子承认了自己的错误，父母还应教育他承担自己所造成的后果，依靠自己寻找正确的解决方法。

好孩子不是惩罚出来的
——优秀家长的教育方法

管教妙招

◎孩子天性爱玩、爱闹，对错观念较弱，经常因为好奇心犯错，父母不能因为孩子总犯错就对他感到失望，又打又骂。

◎当孩子犯错时，父母要及时对孩子进行教育，否则时间一长，父母可能会遗忘这件事，使孩子产生侥幸心理，以后再犯错时会找各种借口逃避责任。

◎父母要让孩子勇于承认自己的错误，为自己所犯下的错误承担责任。告诉孩子"规矩面前人人平等"的道理，让孩子自己想办法处理自己所犯的错误。

告诉孩子"成大事者必须拘小节"

很多孩子从小就有远大的理想，有的想当科学家，有的想当发明家，还有的想成就一番事业，做个令人尊敬的人物。有远大的理想和抱负是一件好事，但如果这些只是空想，孩子并没有在生活中为此而努力，那么父母就要用点心，不仅要督促孩子认真学习知识，还要把做人、做事的道理告诉孩子，要为实现自己的理想而努力。

很多人都认为，实现理想是很困难的事情，但是在美国西点军校，学校会告诉每一个学员，实现理想就像扫一块地一样易如反掌。这是什么意思呢？就是说，如果你能认真负责地把一块地打扫得干干净净，那么你就能做好比扫地更重要的事情，而且还会做得很完美，理想也会逐渐实现。

俗话说"成大事者不拘小节"，其实不然，要想成就一番大事，就必须从小事做起，从自己做起，注意每一个细节，杜绝"差不多、大概、可能、基本上"等词句的出现，这样才能实现理想，成为社会真正需要的人才。

很多孩子因为生活环境的影响，逐渐养成了眼高手低、好高骛远、看不起日常小事的坏习惯，这样的孩子长大后是很难有大作为的。因此，父母在教孩子有远大理想的同时，还要教育他们"要做大事，先做小事"的道理，让孩子从小事做起，从自己做起，承担起身上的责任，为实现自己的理想而努力。

好孩子不是惩罚出来的
——优秀家长的教育方法

刘创经常对爸爸妈妈说:"长大以后,我要做一番大事业,挣很多钱,让你们享福。"

爸爸妈妈听后十分欣慰,为了让儿子能有实现愿望的一天,他们不仅督促他认真学习,还很注重培养刘创的独立性,每周都会安排一次大扫除任务交给他做。

洗衣服、扫地、刷碗、整理房间……一开始,刘创还很听话地把这些事都做好,但渐渐的,他就开始不满了。

"我将来是要做大事的人,怎么能总是做这些小事情呢?我不干了!"这个周末,刘创既不扫地,也不帮妈妈洗碗了。

爸爸听后本来想狠狠地训他一顿,但妈妈却拦住了他,然后对刘创说:"儿子,听说你这次的考试成绩不太好?"

刘创一愣,没想到妈妈会突然转移话题,他说:"其实我本来能考个好成绩的,可是我有点粗心,数学算错了几道计算题,语文写错了几个字,都不是大事,下回我会注意的。"

爸爸却说:"确实都不是大事,但却影响了你的成绩,一个连小事都做不好的人,怎么能做成大事呢?"

刘创有些不满爸爸的态度,他说:"哪有这么严重,不就几个小数点和几个错字吗?还有扫地、洗碗那些事儿,和我做大事有什么关系,做不好就做不好呗。"

"'成大事者必须拘小节',既然你有远大的理想,就更应该在家务和学习等小事情上下功夫,如果你把小事都做好了,何愁做不成大事?"

妈妈说:"比如你今天数学题少算了个小数点,那么将来你成立了大公司,也少算一个小数点,可能就会出现很大的损失,你说,这个小数点重要吗？它是不是一件大事？我们让你做家务活儿也是想让你知道做好小事的重要性，为你以后成就大事打下坚实的基础。"

虽然刘创不知道很大的损失是个什么概念，但他觉得，就是好多好多钱，比爸爸每个月给他的零花钱要多多了。

"爸爸，我知道了，我以后一定注意生活中的各种小事，并努力做好它们，我一定会实现我的远大理想的。"刘创边说边拿起了扫帚，认真地扫起了地。

故事中刘创的父母为了培养孩子，真是下了苦心，他们不宠溺孩子，让他积极参与到家务劳动中，既锻炼了孩子的独立性和动手能力，又让孩子学会了从小事做起的道理。虽然后来刘创不理解做家务和他的理想有什么关系，但通过爸爸的讲解，他充分认识到"成大事者必须拘小节"的道理，也知道了做好小事是多么的重要。

东汉时期，少年陈藩也同样"不拘小节"，当父亲批评他不认真打扫卫生时，他还理直气壮地说："大丈夫出世，当扫除天下，安事一室乎？"

虽然他用这句话表达了自己"天下兴亡，匹夫有责"的远大志向，但也说明他其实并不重视生活中的小细节。所以后来就有人质问他："一屋不扫，何以扫天下？"连一间屋子你都扫不好，凭什么去管天下的大事呢？后人以此表达了做好小事对成就大事的重要作用。

因此，在孩子的成长过程中，父母不仅要帮助孩子树立远大的理想和志向，还应让孩子知道虽然"天下兴亡，匹夫有责"，但"要做大事，应先做好小事"的道理。

在培养孩子做好小事时，父母应督促孩子认真做好生活中的每一件小

事，规范自己的每一个行为，为长大成人、成就事业做好准备。当父母看到孩子不注意小细节时，父母应及时纠正孩子的行为，但态度要明确，不应大声训斥孩子，以免让孩子产生畏惧感和厌烦感。

管教妙招

◎父母在帮助孩子树立远大理想时，不要忘记用生活中的小事来锻炼孩子，比如让他适当地做些家务活等。

◎在教孩子做小事时，父母要告诉他为什么要重视生活中的小细节，这对孩子实现理想有什么帮助。

◎当孩子半途而废，或对小事不在意时，父母应用讲道理、讲故事等方式教育孩子，不宜大声训斥他，以免让孩子产生逆反心理，则更不利于孩子成长。

第八章
说一万遍，不如
给孩子做个好榜样

在孩子的眼里，父母是伟大的、最受尊敬的人。不管孩子想要什么，父母都能像变戏法一样把东西"变"到孩子面前。因此，父母的性格、行为、修养对孩子的影响很大。父母说话粗鲁，孩子也会喜欢说脏话；父母不善言辞，孩子也大多沉默寡言；父母性格开朗，孩子也会活泼爱动……所以，父母在培养孩子良好性格的同时，也要做好孩子的榜样，注意自身的修养，不要让自己的坏毛病"跑"到孩子身上。

孩子的好性格是向父母学来的

孩子的性格塑造和父母的影响密不可分，这一点从国内外伟人的身上就能看出来。比如，深受其父影响的英国第一位女性首相——撒切尔夫人就是最好的例子。

撒切尔夫人是20世纪著名的女政治家。当时，撒切尔夫人在英国政坛还十分保守的情况下，不仅连任了三届内阁首相，还在英国的经济、外交、军事等领域取得了辉煌的成就。但是她的成功并不是偶然的，除了她自身的努力奋斗之外，其成功的主要原因来自于她的家庭。

撒切尔夫人的父亲罗伯茨先生发现了女儿的特长后，就开始着重培养，让她将自己的性格优势尽情地展示，为其后来的举世成就打下了坚实的基础。

有研究发现，在家庭环境的影响下，孩子的性格和父母的性格会很相似，父母沉默寡言，孩子性格也会比较内向；性格开朗的父母培养出的孩子大多活泼好动。因此，在生活中，父母不要只埋怨孩子性格不好，还要了解自己的脾气秉性，在孩子面前，要收敛自己的脾气，尽量将优秀的一面展示给孩子，给孩子树立好的榜样。

那么，父母到底应该如何做才能将自己好的一面展示给孩子呢？其实很简单，父母双方可以互相监督约束，提醒对方在孩子面前展示优秀之处，避免出现不良行为。

好孩子不是惩罚出来的
——优秀家长的教育方法

蔡小咏今年读小学三年级，他从小就是个性格乖巧活泼的男孩子，但最近几个月，蔡小咏的父母感觉儿子的性格正在一点点发生变化，不仅笑容变少了，还学会顶撞父母了。

这一天，蔡小咏的爸爸在下班回家的路上，看见儿子和一群不良少年在一起玩，火气立马就上来了，二话不说就上前打了儿子一顿，回到家后，还不准儿子吃晚饭，罚他站在门口思过。

妈妈晚上回来的时候看到儿子脸上的巴掌印，心疼地问："这是怎么了？"

"他不学好，我生气打的。"爸爸正在喝闷酒，一边喝一边骂人，还时不时地对桌椅来点"暴力"行为。

妈妈听了事情的来龙去脉后，问蔡小咏："爸爸说的是真的吗？"

蔡小咏说："爸爸都能和黑社会的叔叔当朋友，我为什么就不能和小混混一块玩。"

爸爸妈妈一愣，想了半天才明白这是怎么一回事。

原来，前不久蔡小咏爸爸的老战友来看望他，交谈过程中两个人回忆起当年曾因为一件小事发生过争执。

当时，爸爸回忆道："你当年打输了还说自己是黑社会的，最能抗打。"

"你还说你是拳击王呢！"朋友笑了起来。

再加上蔡小咏爸爸平时说话和动作都有些粗鲁、野蛮，对蔡小咏影响颇深，渐渐的，他的性格与行为也就越来越像爸爸了。

"小咏，妈妈保证爸爸以后不再打你，当你的好榜样，你能答应妈妈以后不再做错事吗？"妈妈温柔地问。

蔡小咏点了点头。

从那以后，小咏妈妈就开始监督小咏爸爸的行为举止，一有不良的行为出现，妈妈就赶紧提醒他要做好儿子的榜样，爸爸也知道自己对儿子的影响有多大，因此也逐渐收敛了自己的不良行为，而蔡小咏也做到了自己的承诺，不再和那些不良少年一起玩，性格渐渐又乖巧了。

而小咏妈妈有时候也会向小咏父子询问自己身上的缺点，一经发现，立刻改正，很怕儿子受到自己的影响，性格变差。

我们都知道，父母是孩子的第一任老师，在孩子的成长过程中，父母对孩子的影响也是最大的。孩子的性格易受成长环境的影响，如果父母没有做好榜样，给孩子一个良好的生活环境，那么孩子就容易产生性格缺陷。比如，父母行为粗鲁，孩子也易产生暴力倾向；性格懦弱的父母培养出来的孩子也大多胆小怕事；父母开朗乐观，孩子也会变得坚强活泼。

想让孩子拥有良好的性格，父母就应多陪在孩子身边，做孩子的好榜样，向孩子展示父母积极乐观的一面。当父母发现孩子性格方面有问题时，先不要急着打骂，应先从自身寻找答案，改善自己的性格，在孩子面前多表现出自己的优点，收敛自己的缺点，让孩子有榜样可依，逐渐形成健全的性格。

另外，在孩子性格处于形成初期的时候，父母就要着手向好的一面引导孩子，不能让孩子的性格随性发展。为了培养孩子的良好性格，父母还可以根据孩子的性格特点为他专门安排一些小锻炼，让孩子在锻炼中磨炼性格。

管教妙招

◎孩子的性格受父母影响较大，当父母发现孩子身上的缺点时，不要

好孩子不是惩罚出来的
——优秀家长的教育方法

急着批评教育，应先从自身找原因，改善自己的行为，再逐渐引导孩子的成长。

◎父母双方可以互相监督，当发现出现影响孩子的不良行为时，应马上提醒对方并改正，做孩子的好榜样。

◎父母可以为孩子安排一些小磨炼，在磨炼中锻炼孩子的品性，让孩子健康成长。

纠正孩子的坏脾气，父母要从改变自身做起

刘亮最近在学校里的表现很不好，不仅淘气，还总是对同学们发脾气。班长把这个情况告诉了老师，老师就劝他以后少发脾气，控制好自己的情绪，结果刘亮理都不理，鼻子一哼就从老师身边走了过去。

没办法，老师只好打电话到刘亮家，晚上去他家做了一次家访。

"刘亮最近的脾气有点大，是不是家里发生了什么事，影响了他？"老师问。

刘亮的妈妈想不出是什么原因让儿子变得脾气这么暴躁，她摇着头说："什么事也没发生啊，不过他最近的情绪是不太好，在家里也总顶撞我们，真是气死人了。"

妈妈说着就把刘亮叫过来大声训斥起来，说到动怒处，还拿起了一本书，使劲摔到了桌子上。

"你说你个小孩子嚣张什么，整天乱发脾气，你就不能控制一下自己的

情绪吗？你是不是又欠打了？"

"刘太太……"老师想说话，刘亮妈妈却训得正起兴，"一会儿我就给你爸爸打电话，让他回来修理你！"

"刘太太，您先消消气。"老师把刘亮妈妈举动看在眼中，渐渐了解了刘亮脾气差的原因。

老师问："刘太太，您最近是不是有什么烦心事？"

"我？哎，说起最近我是有点烦心事……"接着，刘亮的妈妈就向老师倾诉了起来，一边说，还一边大发脾气。

老师听完后，说："我知道刘亮最近情绪不好的原因了。"

"真的吗？因为什么？"

"因为他是受了您的影响。"

刘亮马上点头说："就是，最近我一回家你就劈头盖脸地对我乱发脾气，我这都是你遗传的！"

"你……"刘亮妈妈无言以对，刚想发脾气训儿子，想到刚才老师和儿子说的话，她就忍了下来。

满含歉意地送走老师后，刘亮妈妈越想越觉得事实和儿子说的一模一样，她让儿子多控制自己的情绪，可自己最近何尝不是忍不住发脾气呢。

孩子脾气不好，就容易惹父母生气，但是父母想过没有，在教育孩子控制情绪时，自己却对孩子大声训斥，表率作用却没有起到？

其实，孩子就是父母的一面镜子，父母的脾气性格如何，孩子会直接"反射"出来。如果孩子从小就生活在吵闹、以武力解决问题的环境中，他肯定也会受到这种环境的影响，日后在成长和社交中，也会体现出类似的处理方式。

好孩子不是惩罚出来的
——优秀家长的教育方法

其实，父母对孩子发脾气、责骂，很多时候并不是因为对孩子的所作所为生气，而是受到自己对孩子的期望的影响，控制不了自己的情绪，因此才会把不满和失望发泄到了孩子身上。父母都希望自己的孩子是最棒的，如果孩子达不到这个要求，父母就会对孩子感到失望，因此大发脾气，把坏情绪发泄到孩子身上。而孩子在面对父母的期望时很容易产生巨大的压力，尤其是在遭受到父母的责骂时，更容易产生负面情绪，为了发泄心中的压抑和不满情绪，孩子的脾气也会随之变大，开始顶撞父母，谩骂同伴。

王选从小就聪明好学，父母对他寄予厚望。他也很努力，每次考试都能拿第一名，但自从升入小学六年级后，学习的压力以及父母的过高期望让他倍感疲惫，每天在学习中都感觉力不从心。

第一次考试失利后，父母不但没有安慰他，反而大声训斥他，这让他的压力更大了，每天都处于低落的情绪中，和他人交谈时总是忍不住想发脾气。

渐渐的，王选的脾气越来越暴躁，见此情况父母就说："你就不能控制一下自己的情绪，把注意力放在学习上？"

王选说："那你们就不能也控制一下脾气，别总是对我发脾气？"

王选的父母没想到他会变成现在这样，对他感到越来越失望，又开始了新一轮的训骂。

事例中的王选受到来自父母的压力和影响，情绪越来越不稳定，当他指出父母脾气也不好时，他的父母不但不反思自己的行为，反而"开始了新一轮的训骂"，这样做，只能让孩子的性格问题越来越严重。

其实，当父母心情不好的时候，可以听听音乐、做点感兴趣的事情转移一下注意力，用这些方法逐渐调整自己的情绪。如果实在忍不住，想要发脾气的时候，一定要避开孩子，待自己消气儿之后，再来解决孩子的问题。如果事例中的王选父母能明白这一点，当对王选的成绩下降感到生气时，如果自己先平复一下心情，再询问他出现这种情况的原因，用心平气和的态度和孩子交流，并一起寻找解决方法，相信王选在感受到父母"友好"的态度后，也会向好的方向转变。

在面对"有脾气"的孩子时，父母首先要做的是和孩子打成一片，尽可能多地了解他的思维和想法，站在他的角度去思考问题，对孩子多一分理解，少几分责骂。这样一来，当孩子犯错误时，父母才能以客观的态度去看待问题，帮助孩子改正错误。可见，为了不让孩子变成"脾气王"，父母控制自己的脾气，约束自己的行为是很重要的。

管教妙招

◎父母要起到表率作用，在教育孩子不要乱发脾气的同时，也要反思自己在孩子面前的表现是不是过于急躁，给孩子造成不良影响。

◎当父母感觉自己的情绪不佳时，可以选择先回避孩子，待情绪稳定后，再与孩子相处。

换位思考，优秀父母的家教"好帮手"

孙巧巧最近有些不开心，从她小时候开始，父母就为她报了很多学习班，每天在学校学习完，她回到家后还有一大堆东西在等着她学。看着其他

好孩子不是惩罚出来的
——优秀家长的教育方法

孩子能痛快地在外面玩耍，她觉得自己就像被困在笼子里的小鸟，十分难受，对宠爱她的父母也渐渐有了埋怨。

为了向往的自由，孙巧巧第一次没有听父母的安排，逃课了。晚上踩着时间点偷溜回家后，她随口编个谎话，就把父母蒙骗了过去。

尝到甜头的孙巧巧为了玩耍逃课的时间越来越多，终于有一次，让学校的老师逮到了，把这件事告诉了她的妈妈。

孙巧巧的妈妈听说这件事，满脸难以置信，她不敢相信自己的女儿不仅说谎，还逃了课。

但事实摆在眼前，妈妈把她叫到身边大声问道："你为什么要逃课？最近几天是不是学习班也没去？你知道爸爸妈妈为了你花了多少钱，费了多少心吗？爸爸妈妈这么为你着想，你怎么能这么不懂事？"

"……"孙巧巧虽然知道自己做错了事，但一听妈妈训斥的口气，就觉得难受，"我只是想有点时间可以出去玩儿一会儿。"

"玩儿？你现在正是学习的时候，哪有时间去玩儿？下不为例，现在赶紧去学习。"妈妈啪的一声在桌子上拍了一下，说道："再逃课，我打断你的腿。"

孙巧巧被吓了一跳，大哭着喊道："我不去，我就是要去玩，你们天天让我学习，我每天学得脑子都嗡嗡响，我做错什么了？我就是要去玩，打断腿也要去玩，我再也不要当困在笼子里的小鸟了！"

妈妈从来没见过女儿这么强烈地反驳自己，一瞬间有点发呆，等回过神来时，她想到的第一件事就是打女儿一顿，可巴掌扬起来，却怎么也打不下去——难道自己真的把女儿困在"笼子"里了吗？

很多父母为了不让自己的孩子输在起跑线上，就强加了很多重担在孩子身上，比如上面故事中的孙巧巧，每天除了上学就是上学习班，没有一刻喘息的时间，她形容自己是被困在笼中的小鸟。其实，生活中有很多父母都把孩子当作自己的"私有财产"，经常以主人的身份规范孩子的行为，孩子该做什么，不该做什么，都是父母说了才算。

父母不允许孩子反抗自己的权威，就像对待宠物一样，总是用命令的态度对待孩子，当孩子反抗时，父母不是打，就是骂。这样的教育方式不仅会破坏亲子间的关系，还会对孩子的成长带来负面影响。

其实，在孩子的眼里，很多事物和父母所看到的是不一样的，他们有自己的思维方式，父母不能只以成人的眼光去看待、要求孩子，应该学会换位思考，尝试站在孩子的角度考虑问题，感受他们的心情，与孩子产生心灵的共鸣。那么，父母应该如何学会用孩子的眼光看问题呢？

首要的是父母要多和孩子沟通，语言上的交流能让父母更了解孩子的想法，知道孩子需要什么。

自从那次顶撞后，孙巧巧就和妈妈陷入了"冷战"，两个人除了必要的谈话，每天基本上都不再作其他的交流。出差回家的爸爸察觉到母女两个人之间的异样，就向妈妈询问，知道了事情的来龙去脉。

他想了想，对妈妈说："这次出差，我遇到两位老同学，他们的孩子都很优秀，却从不为孩子报学习班，他们说想让孩子因为爱学习才学习，不想让孩子那么累。一路上，我也一直在思考这件事，咱们是不是为女儿报了太多的学习班？"

"可是咱们也是为她好啊。"妈妈说。

"但是孩子累不累，喜不喜欢，我们从来没问过她，这样做确实有点太霸道了，今天晚上就问问女儿吧。"

好孩子不是惩罚出来的
——优秀家长的教育方法

晚上，爸爸妈妈把孙巧巧叫到书房，爸爸开门见山地问："巧巧，那些学习班，你真的一点也不想去吗？"

孙巧巧并不是所有的学习班都讨厌，像钢琴班、英语班，她就很喜欢。

她如实告诉了爸爸，爸爸听后又问："那你为什么要逃课，还撒谎骗妈妈？"

"因为我真的很想抽空出去和同学们玩耍。我现在每天除了学习还是学习，人都学傻了，同学们都叫我书呆子，我真的很羡慕那些能在节假日和父母、朋友出去玩的同学们……而且，我现在学的东西实在太多了，我前面听，后面忘，根本记不住老师讲的是什么，如果只学一两样我喜欢的内容，我肯定能学好、学精的。"

女儿真诚的回答让爸爸妈妈都很动容。

妈妈想起刚刚爸爸说的那些话，觉得自己也应该反思一下自己的行为，她应该为孩子树立好榜样，让孩子快乐成长，而不是像现在这样，对孩子大喊大叫，甚至还想打她。看来，平时自己太独断专行，没有为女儿着想，更没有从她的角度出发来看事情。

了解了女儿的想法后，爸爸说服了妈妈，终于把那些没完没了的学习班退掉了一些，只留下了她感兴趣的钢琴班和英语班。这样一来，孙巧巧多出了很多和同学们玩的时间，但很多时候，她和同学们在一起也是在讨论如何提高学习成绩，所以她的成绩不但没有下降，还提高了一大截。

爸爸妈妈感到十分欣慰，庆幸当初他们肯站在女儿的角度看待问题。

不管什么时候，都是多沟通才会互相理解，父母如果肯花时间多和孩子交流，不仅能增进感情，还能发现孩子优秀的一面。

父母要了解孩子的喜好、兴趣，这样才能更好地了解孩子的思维方式与行为习惯，给予正确的教育，引导孩子健康成长。

但是，父母和孩子想要互相理解并不是件容易的事情。在孩子的眼中，父母总会摆出高高在上的姿态，让孩子不敢和父母交流。这个时候，父母要先做到和孩子相互信任。当孩子缺乏对父母的信任后孩子就会抵触父母，也可能会发生父母误解孩子的情况，让亲子关系越来越僵。因此，无论何时何地，父母一定要信任孩子，站在孩子的角度去思考问题，不把父母的意愿强加在孩子身上，也不强迫孩子做不喜欢的事情。

过多的疼爱很可能会让孩子"不堪重负"，父母在考虑如何把孩子培养成栋梁之材时，还要把孩子自己的兴趣爱好考虑进去，多征求孩子的意见，让孩子在轻松的氛围下快乐成长。

管教妙招

◎父母不要把孩子当成自己的所有物，应站在孩子的角度思考问题，不要让孩子被"任务"这个重担压得喘不过气。

◎父母要多和孩子沟通交流。通过交流，父母可以倾听孩子的心声，了解孩子需要的是什么。

◎父母要培养和孩子之间的信任，相信自己的孩子能做得更好，避免对孩子造成误解。

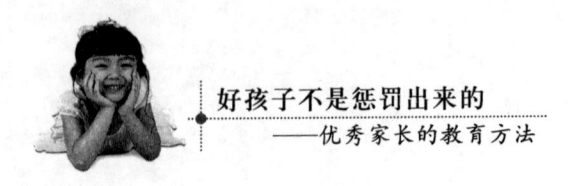

好孩子不是惩罚出来的
——优秀家长的教育方法

知错就改的父母更能赢得孩子的尊重

我们常说"知错能改，善莫大焉"。人活在世上，都会有犯错的时候，我们经常鼓励孩子勇于承认自己的错误，但如果是父母犯了错，该不该向孩子道歉呢？

欣欣妈妈下班回家就看见房间里被翻得乱七八糟，她吓了一大跳，还以为家里遭贼了，确定家里没少任何东西，她才松了一口气，冷静下来后，她想，肯定是女儿又乱翻东西，把家里弄得这么乱。

她越想越生气，坐在沙发上等女儿回来。

欣欣在同学家写完作业后才回家，刚进家门就听妈妈生气地问她："又去哪玩了，这么晚才回来？"

欣欣说："我去同学家写作业了。"

"又撒谎！"妈妈想起以前有一次女儿也说去同学家写作业，结果竟然在公园看到了她，顿时她心里更气了。

"说，你为什么要把家里弄这么乱！"妈妈指着房间责问道："是不是偷家里的钱了？"

欣欣听后委屈极了，"我没有，我真的去同学家写作业了。"

"还不承认，欠打是不是？"妈妈说着，还真拿出了鸡毛掸子，向她挥了两下。

欣欣吓得眼睛赶紧闭上，没感觉到身上传来疼痛感，才松了一口气，但心里的不满和委屈感越来越浓，不由得大声喊了出来："我说没有就是没有，爱信不信，有本事你就打我啊。"

这句话彻底激怒了妈妈，鸡毛掸子狠狠落在了欣欣身上，欣欣哭着跑回了自己房间。

晚上爸爸下班回家后就问："女儿今天怎么了？眼睛红红的，谁惹她哭了？"

"我打的。"妈妈此时也有些后悔，她觉得自己当时太冲动了，女儿很少撒谎，只有一次偷偷拿了家里的钱去买课外书，事后也承认了自己的错误，保证再也不那样做了，她相信女儿不会再犯的。

妈妈把事情的经过讲给爸爸听，爸爸听后突然站起来说："错了，错了，今天中午我回来过一趟。"

"啊？那房间是你弄乱的？"

"对，有一份很重要的文件我放在了家里，结果不知道放到哪了，因为时间紧迫，找到后我也没来得及收拾房间就出门了。"

"这……"妈妈一阵心虚，原来还真是冤枉女儿了啊。

不管是大人还是孩子，每个人都会有犯错的时候，但犯了错就要勇于承认，并学会向对方道歉，但是，很多时候父母却不这样要求自己。当孩子犯了错，父母就会严厉地批评和教育，并让孩子承认自己的错误，但反过来时，父母却碍于家长的权威不愿向孩子道歉。父母的这种做法不仅忽略了孩子的感受，还为他们树立了不好的形象。所以，父母犯错时，也要向孩子道歉。只有给予孩子充分的尊重和理解，才能更好地教育孩子。

好孩子不是惩罚出来的
——优秀家长的教育方法

欣欣妈妈知道真相后很后悔自己打骂女儿的行为,她先是把房间收拾整齐,然后做了女儿最喜欢吃的红烧肉,打算用美食哄哄女儿,但这次欣欣仿佛真的伤了心,不仅没吃妈妈做的红烧肉,还不理妈妈,整顿饭的气氛十分压抑。

"我都主动示好了,她到底想让我怎么样?"晚饭后,妈妈沮丧地问爸爸。

爸爸想了想说:"你有没有向她道歉?"

"我向她道歉?为什么?"

"因为你不仅冤枉了她,还打了她啊。"

"可是……也不用我向她道歉吧,她是孩子,挨几下打不是应该的吗?"妈妈有些心虚地说。

爸爸摇了摇头,说:"王子犯法还与庶民同罪呢,你以为你是长辈就可以不用承担自己犯下的错吗?"

"我……好吧,我去道歉总行了吧。"妈妈也想早点和女儿和解,只好深吸了一口气,敲开了欣欣的房门。

"欣欣,作业做完了吗?"妈妈先问。

"嗯。"欣欣小声哼了一声。

妈妈趁机说:"今天是妈妈误会你了,那个……妈妈是来向你道歉的……"

"道歉?"听到妈妈这样说后,欣欣终于有了反应,睁大了眼睛看向妈妈。

妈妈点点头说:"对不起,今天是妈妈错怪你了,让你受了委屈。"

欣欣又惊又喜,眼泪瞬间就掉了下来,心里的委屈一倾而下,"妈妈,谢谢你。"

别看孩子的年龄小，但他们也渴望得到他人的尊重，尤其是来自父母的理解和支持。日常生活中，父母不合理的训斥会伤害到孩子的自尊心，更何况是父母的误解和错怪呢？因此，当父母错怪孩子的时候，一定要向孩子道歉，用自己的实际行动取得孩子的谅解，同时也为孩子树立起榜样，让孩子学会知错就改的道理，当他们犯错的时候想想父母的主动认错，就不会以逃避的态度来面对了。这是尊重孩子，更是尊重自己的行为。

　　其实，不只是父母错怪孩子的时候要道歉，当父母失信于孩子的时候，也一样要向孩子道歉。比如，父母明明答应要带孩子出去玩却没有实现承诺；父母说要给孩子买玩具，最后却敷衍了事，等等。在日常生活中，父母失信于孩子的情况很多，有时候是有意敷衍，有时候却是无意的，但不管是什么情况，都会让孩子感到失望，甚至是不理解父母为什么要失信于自己，并和父母闹情绪，耍赖、哭闹。这个时候，如果父母能及时向孩子道歉，并在日后做到自己的承诺，这样就能在孩子心中树立一个良好的形象了。

管教妙招

◎父母犯了错和错怪孩子的时候，一定要向孩子道歉，这样更有助于孩子形成知错就改的好习惯。

◎当孩子犯错的时候，父母要先向孩子了解真实情况，听听孩子的想法，而不是一味发火，教育的目的是让孩子认识到错误的原因，以及勇于承认错误，改正错误。

◎父母答应孩子的事情一定要做好，当因为某些原因无法做到时，应首先向孩子道歉，这样更有利于孩子理解父母。

好孩子不是惩罚出来的
——优秀家长的教育方法

父母勤快，孩子才不懒惰

吃苦耐劳是我国的传统美德，热爱劳动的孩子更易学会独立和坚强，性格也会变得更自信坚韧，但是现在的很多孩子都被父母捧在手心里，家务活不会做，自己的事情不会打理，更甭提享受到劳动的快乐了。很多时候，孩子的懒惰和不爱劳动，还是受父母影响所致，有的家长自身也有懒惰的毛病，孩子自然有样学样，变得不爱劳动了。因此，作为父母，除了不要剥夺孩子劳动的权利之外，还要带头参与到劳动当中，让孩子体会到劳动的快乐。

李克是一名有点大大咧咧的男孩，每次出去玩都会弄得全身脏兮兮的，他也不在意别人诧异的目光，反正每天回家就把脏衣服一脱，交给妈妈去清洗。

这一天，妈妈生病了，看着他的脏衣服说："这是夏天的衣服，很容易洗的，你去接点清水自己洗吧。"

"我不会。"没想到李克却拒绝了妈妈的要求，还理直气壮地说："一直都是妈妈洗的，反正我还有其他衣服，妈妈你先好好养病，等病好了再洗。"

李克妈妈听了儿子的话后哭笑不得，说儿子不懂事吧，他还知道让自己养病，说他孝顺吧，都不肯自己动手洗洗衣服。

这件事之后，李克妈妈开始留意起儿子的举动来，渐渐地，她发现儿子虽然性格随和，却很懒，不爱劳动不说，连他自己的事情都处理不好。

周末的晚上，李克一家刚吃过晚饭，李克突然想起来明天上学的课本还没有整理好，就回屋收拾书本。没一会儿，就哭丧着脸出来了。

"妈妈，你帮我整理一下课本吧，我塞不进书包。"李克说。

妈妈进房间一看，书本摆放得乱七八糟，这样能塞进去才怪呢。

"你是怎么整理的？大书和大书一块整，小书最后再放进去，这样有什么难的？"妈妈无奈地说。

"我就是不会嘛，反正有妈妈帮我整理。"

妈妈听后觉得很生气，便把儿子的书本一甩，不管了，"自己的事情自己做。"

"可我不会啊。"

"不会就学，学不会就让你爸打你，看你会不会。"妈妈发了狠话。

李克没想到平时宠爱他的妈妈会训他，愣了一下后竟然闹起了脾气，拿起塞不进去的书就撕了起来，妈妈生气地打了他一顿。

闻声而来的爸爸赶紧把两个人分开，问清了事情的来龙去脉后，对他们说："你们两个啊，都有错！"

"我让他自己动手做事，怎么还是我的错了？"妈妈生气地说。

爸爸笑道："你当然有错，你从小就不让他做事情，他不习惯做劳动这件事，自然也处理不好自己的事情；而且你自己平时也有些懒散，每次下班回来就喊累，把家务活都交给我，孩子有样学样，当然也偷懒把事情交给你做啊。"

几句话说得李克妈妈满脸通红，想想平时她的确总是把一些家务活推给李克爸爸，顿时有些心虚。

好孩子不是惩罚出来的
——优秀家长的教育方法

这时候李克也点头说:"就是,妈妈能把家务活推给爸爸,我为什么不能把自己的事情推给妈妈你呢?理亏还打人……"

妈妈顿时哑口无言。

孩子在小的时候,其实有很强烈的动手欲望,但是父母总是担心孩子太小,做不好事情,从而扼杀了孩子的劳动机会。时间一长,孩子就养成了懒惰的习惯,再也不喜欢动手做事了。比如,当孩子想动手拿勺握筷时,由于父母害怕孩子烫着自己,就不让孩子动手。渐渐的,孩子就对父母产生了强烈的依赖心理,认为任何事都有爸爸妈妈去做。

其实,家长们完全可以不必担心这些事情。正所谓熟能生巧,如果不让孩子练习,何来的熟,何来的巧呢?习惯是从小养成的,如果小时候孩子就没有劳动的习惯,长大后再要求他去做家务活、去处理自己的事情就会很困难。所以,父母应该从小就锻炼孩子的动手能力,让孩子体会到劳动的快乐和光荣。

另外,如果父母经常逃避劳动,一些懒惰的习惯也会影响到孩子,让孩子认为劳动就是件辛苦事,一点意思也没有。所以,当孩子懒惰不愿劳动时,父母要反思自己的日常行为,是不是也在家庭中表现得很懒散,向孩子灌输了错误的劳动观念。

小敏从小就喜欢在厨房玩,爸爸做饭的时候她就在一旁捏个面团,择个菜叶,玩得不亦乐乎,但自从有一次她险些被开水烫后,小敏的爸爸妈妈就再也不让她进厨房了,其他的家务劳动也很少让她动手去做,等小敏长到十二三岁的时候,爸爸妈妈却发现小敏的自理能力很差,连自己的衣袜都洗不好。

小敏的爸爸妈妈觉得她越来越大了，也应该学着做些家务活了，但每次她都会说："反正妈妈也不会做饭，以后我也找个会做饭的男人嫁了不就行了。"

一句话让小敏妈妈羞得抬不起头来，想骂孩子又不知道该说些什么。

小敏爸爸这时候突然想起来女儿从小就对做饭感兴趣，于是他问："爸爸最近就会教妈妈怎么做饭，你从小不是就对做饭感兴趣吗？要不要跟着爸爸一起学？"

小敏一听马上来了精神，"真的？我真的可以学做饭吗？"

"当然可以。"

"而且妈妈也会跟我一起做爸爸的学生？"

"这……"妈妈有些为难，但看着女儿期望的眼神，不由得点头说："是的，妈妈也想为宝贝小敏做饭吃啊。"

"好，我要学。"

从那天开始，爸爸每天都会教给小敏一些厨房的事，择菜、洗碗、涮锅，小敏越做越顺手，听到爸爸夸奖她比妈妈聪明能干时，她别提有多高兴了，连带的也喜欢做其他的家务劳动了。

在指使孩子动手劳动时，很多父母都会感到头疼、生气，因为不管父母说什么，孩子说不干就是不干，父母的打骂批评根本起不到多大效果。其实，当孩子想做某件事的时候，他的动手能力是最强的，父母可以根据这一点，依据孩子的兴趣爱好，为孩子"量身定做"一些劳动。如果孩子喜欢组装玩具，就让他帮忙整理书架，把各种各样的书"组装"进书架中；如果孩子喜欢玩水，父母就可以教他如何在水中"玩"衣服、碗筷等东西，不要怕孩子会受伤或者摔坏东西，当孩子完成一项劳动任务时，父母更不要吝啬自

己的夸奖，要真心地称赞孩子，给予孩子肯定和鼓励，让他爱上劳动，充分体会到劳动的快乐。

管教妙招

◎父母应该从小就开始锻炼孩子的动手能力，不能因为孩子还小，担心他受到伤害就剥夺孩子的动手机会。

◎父母在培养孩子的动手能力时，最好和孩子一起参与到劳动中。

◎在培养孩子的动手能力时，父母可以根据孩子的兴趣爱好，安排孩子做些力所能及的劳动。当孩子完成一项劳动任务时，父母不要忘记夸奖孩子，让他体会到劳动的快乐。

父亲不近烟酒，孩子远离恶习

十三四岁的孩子正是受周围环境影响最大的时候，尤其是男孩，对一些不良习惯最容易因好奇而产生兴趣，比如抽烟、喝酒。而且很多时候，孩子抽烟喝酒和父亲的影响有很大的关系。当父亲抽烟喝酒被孩子看见时，就会觉得父亲很有男人味，因为这个年龄的孩子总是向往快快长大成人，所以他们就会模仿父亲的行为习惯，偷偷去学抽烟和喝酒。有时候则是孩子周围的朋友都会抽烟喝酒，他们觉得如果自己不会是很没面子的事情，于是也就逐渐沾染上了这些不良习惯。

在孩子的世界里，他们所做的一切大多是觉得"酷"，能让自己看起来像个大人,他们并不知道抽烟喝酒会对自己的身体造成严重的危害。所以,父母在发现孩子抽烟喝酒后,如果一味地训斥,并不能让孩子了解烟酒的危害,也不能让孩子远离它们。而且有时过于严厉的批评还会引起孩子的叛逆心理,导致孩子产生报复心理,更加频繁地去尝试。

所以,当父母发现孩子的坏习惯后,除了要及时纠正外,还要以身作则,为孩子做个好榜样,有技巧地教导孩子远离烟酒。

王冲有一个聪明帅气的儿子,每每谈论起儿子,他就觉得十分自豪,但自从儿子升入初中后,他隐隐感觉儿子身上发生了一些变化。直到有一天王冲看到儿子在楼道里偷偷抽烟,才知道问题出在哪里了。

"我希望你能给爸爸一个解释。"王冲严厉地说。

儿子见秘密暴露,吓得赶紧丢掉了手里的烟头,支支吾吾不敢抬头说话。

"小小年纪竟然学会抽烟了,你是不是皮痒想挨打了?"儿子的乖孩子的形象瞬间在王冲的脑海中倒塌,他生气地把儿子拽回了家,真想找根棍子好好修理他一顿。

儿子下意识地紧绷了身体,小声嘀咕道:"爸爸你自己不是每天都要抽上一两根吗?我现在也算是个大人了,你能抽,为什么我就不能抽?再说了,学校里很多男同学都会抽烟,我还想学喝酒呢。"

王冲听儿子说还想学喝酒,更加生气了,刚要动手打他,被妻子李燕拦住。

李燕说:"儿子说得对,你能抽烟喝酒,为什么他不能?"

"妈妈……"儿子激动地看向妈妈,王冲则一脸的难以置信,这还是平时严厉的督促他戒烟戒酒的妻子吗?

好孩子不是惩罚出来的
——优秀家长的教育方法

"身为父母,就得以身作则,做孩子的好榜样,既然你这个爸爸不能戒烟戒酒,那就不能要求孩子做连你都做不到的事情。"李燕说。

王冲这才明白过来,妻子这是一箭双雕啊,既教育了儿子,又让他不得不狠下心来戒烟戒酒。

"好!"他狠下心一咬牙,说:"从明天……不,从现在开始,我就戒烟戒酒,如果我能做到,儿子,你是不是也能答应爸爸远离烟酒呢?"

"……"儿子有些犹豫,但想起刚刚妈妈说的话,他觉得很有道理,于是就点了点头,说:"我答应爸爸,如果你能戒烟戒酒,以后我肯定不碰那些东西,用功学习。"

就这样,在妈妈的"神机妙算"下,一场家庭"危机"顺利解除,爸爸也如自己所说,当天就把烟酒锁进柜子里,妈妈和儿子一块监督他,他为了教育儿子,一连两个月,还真的一滴酒不沾,一支烟没吸。

儿子见爸爸这么努力,自己也下定了决心,不管身边的朋友们怎么劝他,他都没再碰过烟酒,每天用功学习,成绩连连提升,王冲和李燕看在眼里,别提多高兴了。

抽烟喝酒对孩子的身体健康危害很大,二手烟尤甚。如果孩子长期处于二手烟的环境中,不仅会让孩子的身体体质变弱,还会影响孩子的智力发育,使孩子记忆力下降,大脑反应变迟钝。

父母通常都知道抽烟喝酒对孩子的危害,但却不注意自己的行为,当着孩子的面大肆抽烟、酗酒,尤其是节假日的时候,亲朋好友汇聚一堂,父母的行为直接影响到孩子,让他对抽烟喝酒产生浓厚的兴趣和好奇心,忍不住就会偷偷尝试。

父亲是一家之主,是最具有权威的,也是孩子最尊敬和模仿的人物,在孩子的心目中，父亲的一切行为都十分具有男子汉气概，是值得他学习的。所以，受到父亲的影响，孩子很容易染上抽烟喝酒的坏习惯。当父母发现儿子有抽烟喝酒的不良习惯后，千万不能严厉批评，甚至运用"武力"来逼迫孩子戒烟戒酒，这样做往往会出现反效果。

父母应该先把抽烟喝酒的危害告诉孩子，再以身作则，像故事中的王冲一样，自己先把烟酒戒掉，给孩子起个表率作用，帮助他远离烟酒。

另外，父母还可以用真实的事例来教育孩子，让孩子了解烟酒的危害性，使他自觉远离烟酒。

李辰读初中不久，发现很多男同学和爸爸一样，都会抽烟，他觉得好玩，也想变得和爸爸一样像个男子汉，渐渐地也开始躲着父母抽起了烟。不过这个秘密没藏多久，就被爸爸妈妈发现了，他以为会受到严厉的批评，没想到爸爸听他说了抽烟的原因后，竟然向他道了歉。

"对不起，儿子，爸爸没想到自己的行为会对你有这么大的影响。但是，抽烟是件不好的事情，爸爸不会打你，也不会骂你，爸爸会陪着你一起戒烟，怎么样？"

"我觉得抽烟的爸爸很帅啊，怎么会不好呢？"李辰问。

妈妈早就想让老公戒烟了，她想了一下说："妈妈去准备一些东西，等一会儿就告诉你为什么抽烟不好。"

不一会儿，妈妈抱着一个小鱼缸回到了家，鱼缸里还游着几条活泼可爱的小金鱼。

"妈妈，我们要养鱼吗？"

"对，我们要教小鱼怎么抽烟。"妈妈说完，就让爸爸点燃了一根香烟，抽到一半的时候，把烟浸到了鱼缸里。

好孩子不是惩罚出来的
——优秀家长的教育方法

李辰就看见小鱼先是变得十分兴奋,快速游动,后来动作却越来越慢,最后肚皮一翻,死了。

"妈妈……"李辰十分震惊,"怎么会变成这样呢?"

"这就是抽烟的危害,你爸爸总是咳嗽,身体不好,也和抽烟有关,我早就想让他戒烟了,这次你们就一起努力吧。"

"戒,儿子,你要监督爸爸啊。"

"嗯,我再也不抽烟了。"李辰态度坚决地说道。

当父母发现儿子有抽烟喝酒的坏毛病后,不要急着打骂孩子,要先从自身寻找问题的答案,然后用事实说话,让孩子了解抽烟的"下场"是很可怕的,比如故事中李辰的妈妈,就用小鱼做实验,吸入了带有香烟的水的小鱼慢慢死去,这样的事实会让孩子感到十分震惊,也会增加他戒烟的勇气和决心的。

管教妙招

◎当发现孩子有抽烟喝酒的不良习惯时,父母要先了解孩子的动机,如果是模仿的父母的行为,父母一定要及时纠正自己的日常行为,为孩子做好榜样。

◎戒烟酒是一件十分痛苦的事情,当孩子同意远离烟酒时,父母一定要陪着孩子一起戒烟戒酒,这样做既能起到表率作用,还能增加孩子戒烟戒酒的决心和勇气。